复旦金融评论

FUDAN
FINANCIAL REVIEW

复旦大学

出品

经济管理出版社
ECONOMY & MANAGEMENT PUBLISHING HOUSE

复旦金融评论

FUDAN FINANCIAL REVIEW

13

EDITOR-IN-CHIEF 主　编　魏尚进　Wei Shangjin

复旦大学泛海国际金融学院学术访问教授

哥伦比亚大学终身讲席教授

CO-EDITOR-IN-CHIEF 联合主编　张　军　Zhang Jun

复旦大学经济学院院长

MANAGING EDITOR 执行主编　钱　军　Qian Jun

复旦大学泛海国际金融学院执行院长

高华声　Gao Huasheng

复旦大学泛海国际金融学院科研副院长

EDITORIAL COMMITTEE 编委会委员　封　进　Feng Jin 复旦大学经济学院教授

（按姓氏字母顺序排名）

寇宗来　Kou Zonglai 复旦大学经济学院副院长

李清娟　Li Qingjuan 复旦大学泛海国际金融学院智库研究中心主任

刘庆富　Liu Qingfu 复旦大学经济学院教授

施东辉　Shi Donghui 复旦大学泛海国际金融学院教授

王永钦　Wang Yongqin 复旦大学经济学院教授

朱　蕾　Zhu Lei 复旦大学泛海国际金融学院副教授

EDITORIAL DIRECTOR 编辑总监　潘　琦　Pan Qi

COPYEDITORS 编　辑　张　静 / 顾　研 / 齐超颖

Zhang Jing / Gu Yan / Qi Chaoying

MULTIMEDIA EDITOR 新媒体编辑　葛雯瑄　Ge Wenxuan

VISION DESIGNER 视觉设计　文脉图文　Wenmai Tuwen

COVER DESIGNER 封面创意　林　栋　Lin Dong

ADDRESS 地　址　上海市杨浦区邯郸路 220 号 5 号楼 405 室

TELEPHONE 联系电话　+86-21-63895587

EMAIL 投稿邮箱　FFR@fudan.edu.cn

PHOTOGRAPH 图片支持　视觉中国、Veer

平抑通货膨胀

通货膨胀持续不退是目前全球经济最大的风险点之一。美国 PPI 与 CPI 通货膨胀已经一再"爆表",中国 PPI 与 CPI 数据的"剪刀差"也接近历史峰值。

2020 年新冠肺炎疫情暴发后,各国因防控疫情产能下降,产业链中上游的成本上升导致终端产品提价。为了稳定就业,各国央行轮流上演货币"大放水"。

国际货币基金组织(IMF)2021 年 10 月 12 日发布《世界经济展望报告》,警告全球通货膨胀上行风险加剧,通货膨胀前景存在巨大不确定性。报告认为,美国及一些新兴市场和发展中经济体的总体通货膨胀率迅速上升,主因是与新冠肺炎疫情有关的供需不匹配和大宗商品价格相对一年前的低水平有所上涨。其中,能源价格大幅上涨,推动全球通货膨胀水平走高。

国际货币基金组织的分析未必全面。能源价格上升,反映的是供需基本面的变化,其中包括结构性的变化,这并不会随着疫情得到控制而逆转。我在 2021 年 7 月初就发文指出,通货膨胀可能不是短暂现象,美联储在它自己宣称的时间表之前结束量化宽松,甚至"跃跃欲试"开始加息,这是世界各国的投资者、企业、家庭需要准备应对的一大风险。[1]

果不其然,2021 年 11 月初美联储正式表态量化宽松走到了尽头,"通货膨胀暂时论"不再能自圆其说。历史经验与实证研究都告诉我们,美国利息开始上升后,跨境资本的流动方向、许多国家的汇率走势、各国企业在国际资本市场上融资的难度都会发生在过去十几年内少见的变化。接下来可能会有一些国家发生汇率危机、外币债务危机和银行危机。

米尔顿·弗里德曼曾说:"无论通货膨胀的近因是什么,它都是一种疾病,一种危险得有时会致命的疾病,一种如果不及时治理就会毁掉整个社会的疾病。"

通货膨胀是经济中的一种扭曲,即使为治理通货膨胀而急速收紧银根也会带来风险。如果美国为了抑制通货膨胀而

---

[1] 参见:https://www.project-syndicate.org/commentary/global-dangers-of-rising-us-inflation-and-interest-rates-by-shang-jin-wei-2021-07。

大幅提升其利率，那么有两类国家可能会遭遇严重的金融和经济危机。第一类是外币债务比较严重的国家。这些国家的投资或消费比较依赖向外国银行或在国际债券市场借款。一旦美国利率上升，这些国家"借新债还旧债"发生困难，就特别容易发生严重的债务或银行危机。第二类是采用固定汇率但其货币又被高估的国家。这些国家很容易在美国利率上升时受货币挤兑和汇率危机的影响。由于巨额的外币贷款和被高估的固定汇率并不相互排斥，一些国家可能会同时遭受几种类型的危机。

面对全球通货膨胀，我们需要重视，更需要注意政策工具的选择。在现阶段，中国不存在全面通货膨胀，为防止输入性通货膨胀加剧国内通货膨胀，中国人民银行要根据实际情况适当收紧对经济的流动性供给。为了使货币政策调节有效，中国人民银行需要引入更大的汇率灵活性，或者收紧资本控制。从长远来看，选择增强中国汇率灵活性对经济有利得多。

在本期专题中，海通国际首席经济学家孙明春博士阐述了世界经济重新回到通货膨胀阶段的概率与可能出现的后果。复旦大学经济学院教授王永钦的判断是，当前中国的一种通货膨胀压力可能来源于输入性通货膨胀。在中美经济"脱钩"的风险之下，跨国公司从中国撤出，迫使全球产业链重新布局，导致全球生产成本上升。为此，中国政府应该让更积极的财政政策发挥作用，从增加国债供给入手，使财政货币政策互补，推进结构性改革。

长江证券首席经济学家伍戈建议，在中国资本账户目前还没有完全开放的情况下，要根据不同的经济周期来考虑需要配置的资产。比如在经济下行并且有流动性注入的情况下，大概率是权益或者风险资产配置的最佳时期，直接投资股票或偏股类的基金可能都是有帮助的；在社会融资下降、PPI价格上升的过程中，"现金为王"可能是更好的选项；在经济下行、货币收缩、价格下行的时候，固定收益类产品可能是比较好的。

在数字经济时代，电商平台提供了加剧厂家竞争、压低商品价格的新渠道，京东集团首席经济学家沈建光博士就此给我们带来了精彩分析。

其他数篇评论文章就原油价格攀升（钟正生与范城恺）、人口结构逆转对通货膨胀的影响（古德哈特、普拉丹）等问题做出了深入分析。 **F**

《复旦金融评论》主编

复旦大学泛海国际金融学院学术访问教授

哥伦比亚大学终身讲席教授

05

—金融启迪人生跃境—

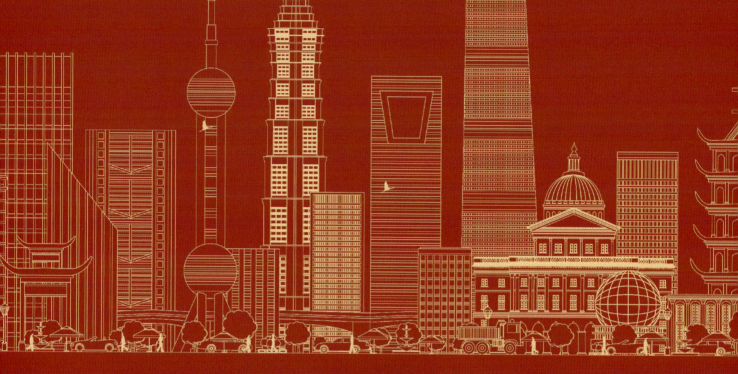

投稿与建议
FFR@fudan.edu.cn

微信客服号
FFReview2018

编辑部电话
021-63895587

欢迎扫码订阅纸质版

欢迎关注微信订阅号

复旦金融评论
FUDAN FINANCIAL REVIEW

新一轮
全球大通胀来袭？

通货膨胀卷土重来：
概率与后果

构成美国通货膨胀的短期和长期
因素分别是什么？

孙明春

海通国际首席经济学家

复旦大学泛海国际金融学院金融学学术访问实践教授

根据美国劳工部公布的数据，美国 2021 年 5 月 CPI 同比上涨 5%，增速创 2008 年以来最高；核心通货膨胀率同比增长 3.8%，增速创 1992 年以来新高。美联储主席鲍威尔表示，美联储不会因为对通货膨胀的担忧而提早加息，并表明近期通货膨胀率上升只是源于暂时性因素影响，预计后续将回落至美联储长期政策目标。美国通货膨胀率飙升是暂时的吗？全球通货膨胀卷土重来的概率有多大？"无限量宽"下的通货膨胀对金融市场会造成哪些影响？

通货膨胀尚未失控

美国 CPI 通货膨胀率在 2021 年 5 月达到了 5% 的水平，几乎达到 2008 年以来的峰值。美国历史上，自 2000 年以来很少有月度数据能够达到这个水平。同时，能源 CPI 通货膨胀率和整体 CPI 通货膨胀率走势高度一致，最新数据显示其相比 2020 年上涨了 30%。如果将 CPI 拆解开来，剔除掉能源和食品的部分，会发现核心通货膨胀率也同样走高，在 5 月达到了 3.8%。相比于过去 20 年中始终稳定在 3% 以下的通货膨胀曲线，这个数据的确是超出了预期。可以看到，美国的高通货膨胀并非只是受到波动性较强的食品和能源价格的影响，背后还有一定的结构性因素在驱动。

我们做了一个计量模型，用以预测超前一年的核心通货膨胀率。虽然预测的精准度还有欠缺，但是从历史数据来看，它可以作为对未来趋势的指引。按照模型的走向，预期至少在未来一年内核心通货膨胀都将居高不下。还有一点担忧——核心通货膨胀的"拐点"，也就是由涨转跌的信号尚未出现，数据还没有下行的态势。

根据密歇根大学的消费者信心调查，自 2020 年新冠肺炎疫情暴发以来，消费者对未来 5～10 年的通货膨胀预期持续攀升，但目前并未突破 3% 的分界线，尚在可控范围之内。金融市场专业投资者关注的债券市场走势也呈现出同样的预期。美联储统计的未来 5 年通货膨胀预期曲线和通货膨胀保值债券 5 年通货膨胀预期曲线都呈"V"形走势，自 2020 年以来，反弹极其明显。然而，乐观的是，通货膨胀预期虽有阶段性高点，但也没有超出 3%。

短期：这次不一样？

短期来看，美国通货膨胀有很多暂时性的原因。第一个原因是政府的慷慨救济导致劳动力市场供应下降。

无论是特朗普还是拜登，在救济资金的发放上都十分慷慨。这一方面造成了失业率升高，另一方面使企业陷入招工难的窘境。除了健康因素之外，大额政府补贴足以维持基本生活是重要原因。劳动力供不应求的压力使得短期内劳动力成本有一定上涨，进而引起通货膨胀。

第二个原因是新冠肺炎疫情扰乱了全球供应链，令进口物价持续上扬，助推了通货膨胀。受供应链影响，商品短缺问题层出不穷，贸易往来的运输成本也节节攀升。这些最终反映到商品价格上，显示出短期通货膨胀之象。例如，美国的进口物价（除去原油价格）同比增长了6.3%，仅次于2008年的高点。

第三个原因在于社交隔离及芯片短缺导致二手车需求旺盛、价格大涨，助长了通货膨胀势头。社交隔离以后，人们倾向于购买自己的车辆，而恰好在车辆生产领域又遭遇了芯片短缺问题。买多卖少，二手车的拍卖价格指数在2021年达到21世纪以来最高点，同比上涨了55%，实为历史罕见。

然而，与以往不同的是，美联储的"无限量宽"政策史无前例，且变本加厉。虽然此前有过三轮量化宽松，但是在规模和幅度上与本轮的"无限量宽"是没法比的。其实2019年下半年，在美国失业率创60年以来新低的情况下，"放水"就已经开始了。根据笔者的判断，到本轮量化宽松结束，美联储的资产负债表应该会接近10万亿美元。

与此同时，美国的广义货币（M3）的增速达到半个世纪以来最高。2008年那一轮量化宽松开始的时候，美联储的资产负债表涨势也非常猛，年同比达到100%。然而当时的M3实际上是不涨反跌的，其原因在于次贷危机期间，美国的家庭部门、企业部门、金融部门都在降杠杆。为了防止出现资产负债表危机，美联储才退出了量化宽松政策。尽管如此，M3仍在2010年初出现了负增长。因此，那一轮美联储的量化宽松并没有带来实体经济中的流动性扩张。然而本轮财政刺激的钱直接给到了老百姓，导致目前M3达到20%左右的增长率，这是从美元与黄金脱钩的50年来未曾出现的！因此说，真有可能"这次不一样"。

从历史上看，CPI与广义货币供应量（M3）正相关，但涨幅远远小于M3。1959年以来，M3增加了77倍，但消费物价只涨了8倍。因为实体经济扩张需要更多的货币，所以M3增长并没有全部转换为物价上涨。

同样地，通过比较M3与名义GDP可以发现，1971年美元和黄金脱钩以后，M3上涨超过31倍，美国的名义GDP涨了17倍多。名义GDP是通货膨胀和实际GDP的组合，一方面包含了经济规模的扩大，另一方面同时考虑了CPI和PPI。M3的增长远远超过了实体经济的名义增长，多出来的钱去哪儿了？可能流入海外，也可能是流入资产市场。因此说，美元货币供应量的增加远超实体经济需要，助长了资产价格上涨。

此轮通货膨胀中，资产价格上涨确实远超CPI上涨。2020年"无限量宽"以来，各类资产价格都出现了大幅度的上涨，股票、债券、商品、货币、信用债、比特币等，除了美国国债和美元指数贬值之外，其他资产类别都实现了两位数甚至三位数的价格上涨。美国的房价涨幅达到（或接近）20年来的高点。多余的流动性使得所有资产都被重新定价，所有这些因素都给未来核心通货膨胀上涨带来压力，但可能会以较缓慢的速度传导。

值得一提的是，全球气候变化、碳中和的努力都有可能加剧中长期的通胀压力。笔者认为碳中和在短期甚至中期可能是一个成本上升的因素，对通货膨胀还是有压力的。除此之外，全球极端天气导致的生产设施受损、供应链断裂、农产品价格上升等问题，对于通货膨胀也是不利的。

长期：低通货膨胀的"怪圈"

从 20 世纪 90 年代中后期开始，美国就一直维持着较低的通货膨胀率水平，基本保持在 2% 左右。美国通货膨胀长期低迷与资产价格长期上涨，有其深层次的结构性原因。作为以服务业为主的经济体，工资上涨乏力是美国核心通货膨胀率长期低迷的主因。服务业最主要的成本就是劳动力成本，劳动力成本上不去，服务业成本也难以上涨，通货膨胀就会受到抑制。美国政府公布的雇佣成本指数显示，自 20 世纪 80 年代的一次高通货膨胀后，此指数从 7%～8% 一路下滑，过去十年的大部分时间都徘徊在 2% 左右，未触及 3% 的水平。即使在通货膨胀率爬坡的当下，最新数据也只有 2.6% 左右。这个时间序列数据表明，不改变劳动力市场低迷的现状，只靠商品价格的上涨是难以拉动通货膨胀的。

美国工资上涨乏力的源头很可能是技术进步和全球化。技术进步，就是指机械化、自动化和智能化逐步使劳动力让位于资本。企业家和资本家在利润最大化动机下，总是倾向于选择更廉价的劳动力。当技术进步使得资本与技术的成本低于劳动力成本时，劳动者的就业机会自然就被取代了。人们在争取工作岗位、进行涨薪谈判时自然就会处于弱势地位，结果劳动力成本即工资迟迟难以提升。全球化的传导机制是，国内工人要求涨薪，企业为了降低成本而在全世界范围内寻找廉价劳动力，将许多产业转移到了劳动力成本更低的国家或地区去。迫于资本逐利的本性，国内的工资还是涨不起来。

劳动力收入增速放缓的现象不仅发生在美国，其实在许多国家都存在着劳动者收入在整体国民收入中份额逐渐缩小、资本收入份额却不断上升的现象，导致了贫富差距这条鸿沟的加深。

收入增速放缓和贫富差距扩大共同引致利率下降，这也是低通货膨胀的直接后果。通常来说，低收入群体的边际消费倾向较高，高收入群体的边际消费倾向较低。当越来越多的钱流向富人，资本就会更多地倾向于储蓄投资而不是生产消费，所以资本市场就会出现流动性过剩和资产荒。接着利率就会下降，借贷成本变低，更多的劳动力将被资本替代，贫富差距又进一步扩大。同时，利率下降使得资产价格泡沫出现，同样加剧了贫富差距。这正是一个恶性循环的"怪圈"（见图 1）。想要打破这个"怪圈"并非易事。无论是从劳动力端还是

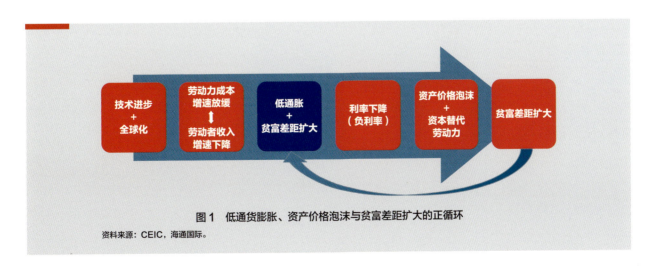

图 1　低通货膨胀、资产价格泡沫与贫富差距扩大的正循环

资料来源：CEIC，海通国际。

从资产端入手都困难重重，有成效的改革可能需要借助强大的外力。

除非劳动力市场长期过热，否则美国很难出现持久性的高通货膨胀。劳动参与率的持续下降，意味着美国劳动力市场在相当长时期很难出现过热。从 21 世纪初至今，劳动参与率大概下降了 6 个百分点。也就是说，在 5.5% 失业率的基础上，又有 6% 的劳动力退出了市场。

其中原因众多，例如收入增加弱化了工作刚需，教育年限加长、受教育水平提高，阶段性放弃求职、转投其他，永久性放弃求职，新冠肺炎疫情影响，个人偏好，政府高额补贴救助，等等。劳动参与率的持续下降，意味着美国劳动力市场在相当长时期很难出现过热，因为一旦市场过热导致薪酬上升，很多退出劳动力市场的劳动者会回到市场中来。至少在今后的两三年里都将如此。

"无限量宽"下的金融市场

即便通货膨胀回升是暂时的（一年左右），投资者因"身在庐山中"，也很难超然处之。如今美股估值昂贵，标普 500 指数的市净率在 2021 年已达到了 4.5 倍，接近 2000 年科网泡沫时期的水平。基于对低利率及宽松货币政策长期存在的预期，全球股票投资者情绪亢奋。

同样地，信用利差已降至历史低位，高收益债券估值昂贵。美国十年期高收益企业债与国债的信用利差已达历史最低的 2.35%，说明信用债也非常昂贵。

"无限量宽"政策推出之后，美元汇率进入贬值通道。美元的贬值针对的是其实际购买力，是对更广泛资产类别的贬值，而不是对其他货币的贬值。如果美联储无法控制量化宽松速度，购买力下降的状态将在未来一两年后呈现。

若通货膨胀进一步推高国债收益率，将令各类资产面临价格大幅度调整的威胁。金融市场普遍关注美国十年期国债收益率，如果利率上升，处于高估值的股票和债券都将面临泡沫破灭的风险，资产市场可能要重新洗牌。

鉴于各类资产价格昂贵、交易拥挤，美联储在进退两难的情况下，若早于市场预期收紧货币政策，有可能导致金融市场大幅度波动，影响金融稳定。虽然通货膨胀在今后数月将居高不下，但是至少到 2022 年年初，"通货膨胀是暂时的"这个判断都不会被证实或证伪。在没有更多数据明显证伪这一判断之前，美联储改变政策口径将会自乱阵脚，得不偿失。即使数据显示这一判断被证伪的概率大幅度提高，美联储也可以新的货币框架为理由，为"按兵不动"的政策辩护。

此时，美联储的最佳路径可能是按照市场的预期，以不变应万变，先安抚市场，再放风、讨论、缩量、加息，最后缩表。在缩量结束（2022 年年中）之前，市场流动性整体仍在增加，市场环境不会出现实质性的变化，因此市场趋势应该不会过早发生变化。只要美联储不采取突然大幅度转向的政策变化，资产价格上涨的"盛宴"将不会结束。此外，考虑到 2022 年财政刺激的力度将明显减弱，美国经济对宽松货币政策的依赖可能更高。**F**

▶ 本文仅代表作者个人观点。编辑：潘琦。

通货膨胀背后，需求与供给的均衡

需求上升，供给下降，通货膨胀可能会卷土重来。

伍 戈
长江证券首席经济学家、总裁助理

通货膨胀是各国中央银行逆周期调节的重要标的，也与我们每个人的财富增长或缩减息息相关。不论对于单个股票的估值，还是整个证券市场的估值，利率都是将未来的现金流或是企业未来收入净贴现的一个重要指标。同样地，国债收益率或是利率债的收益率在很大程度上与中央银行的无风险收益率变化密切相关。

正如米尔顿·弗里德曼所言，"无论何时何地，通货膨胀永远是货币现象"，但其背后也有深层次的供给和需求。货币流动性是引发通货膨胀的一个必要且充分条件，但其绝非是所有的条件。

剧烈冲击下，价格为何"波澜不惊"？

通货膨胀是一个非常重要的变量，虽然在中国过去的三十年左右时间里不是一个显著的问题，但这并不意味着通货膨胀不会回来。通货膨胀一旦回来，会对我们的生活和投资产生非常重要的影响。薪酬购买力下降、债券收益率下滑，当然也有不少资产的名义收益率不降反升。

要判断通货膨胀是否会回来、会以什么样的速度回来，一个重要的框架是看总需求和总供给之间的平衡关系，这两者共同决定了均衡。假设总需求的增加大于总供给的话，通货膨胀大概率会发生；反之，通货膨胀会往下走。

总需求包括国内总需求与国外总需求。国内总需求包括消费、投资和政府主导的基建需求，相互并不独立；国外总需求具体的表现形式就是出口，出口的增加实际上代表国外对国内生产的总需求变化。当国外需求出现疲软的时候，政府往往会通过财政政策或货币政策以新增基建的方式对冲国外需求（或出口）的下降。

如果将中国面临的两次经济下行压力，也就是新冠肺炎疫情期间中国PPI价格的波动和全球次贷危机期间的波动相比，我们会发现价格的波幅差别是非常大的。全球次贷危机期间，价格下行幅度是非常大的，而新冠肺炎疫情期间，尽管经济下行十几个百分点，但是PPI计量的价格波动幅度是非常小的。因为这次疫情的冲击同时具有需求冲击和供给冲击两方面的特性，这就与此前的次贷危机有很大的不同，以至于在总需求收缩的过程中，总供给也在收缩，这个时候价格就可能呈现"波澜不惊"的格局。

另外一个值得注意的事情是，在中美贸易摩擦和新冠肺炎疫情的笼罩下，中国出口占全球的份额在近几年呈现的是抬升的趋势。市场有一种自发的力量，能够规避一些行政性的因素。虽然从短周期观察中国现阶段的出口占全球的份额是下降的，这个下降是以海外工业修复为前提条件的，中国的优势看似在丧失，但是整个世界贸易的蛋糕在快速做大。因此，当世界贸易上升的快变量和中国出口份额向疫情前回归的慢变量结合在一起时，强大的外需支撑着中国出口的强劲复苏。

所谓"车马未动，粮草先行"，我们在观察中国经济未来演绎或者短周期演绎过程中可以发现，货币指标是非常灵敏的。比如社会融资规模是金融机构资产方定义全社会货币或流动性的一个总体指标，它包含了以资产方统计社会的一些资金和流动性的状况，包括贷款、债券等。社会融资规模衡量的不仅是货币，还有财政，比如政府债、专项债，也包含了对于非标业务、影子银行监管的信息。根据历史经验，它的重要价值在于，能够领先于名义GDP半年左右的时间，前瞻性地预测未来趋势。

调好中国市场的"美林时钟"

未来一段时间总需求会有一个上涨的趋势，原因之一是各国的宏观政策保持继续刺激的态势，使得总需求上升，同时总供给也可能会下降。接下来中期的总供给态势取决于现在或者上一期的投资，而上一期的投资如果不足，会造成总供给在近期下降。需求上升、供给下降，通货膨胀可能会卷土重来。那么，在通货膨胀可能会回来的判断前提下，哪些投资产品会有比较好的抗通货膨胀特征呢？

首先，资产配置确实需要一些专业的知识，也没有一劳永逸的配置方向。特别是在中国资本账户目前还没有完全开放的情况下，在国内配置确实是较为艰难的。但是笔者认为还是要根据不同的经济周期来考虑自己需要配置的资产（见图1）。

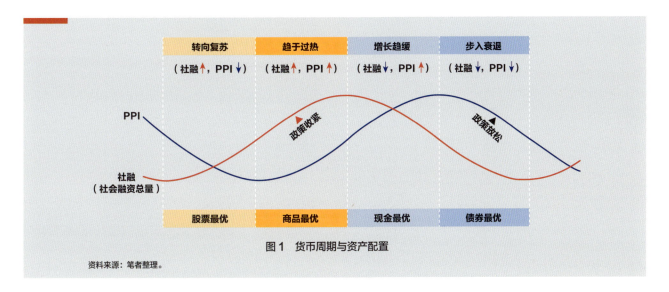

图1　货币周期与资产配置

资料来源：笔者整理。

比如在2020年，如果我们能够意识到在经济下行并且有流动性注入的情况下，历史上大概率都对应着权益或者风险资产配置的最佳时期，那么直接投资股票或偏股类的基金可能都是有帮助的。然而在2021年社会融资下降、PPI价格上升的过程中，可能"现金为王"是最好的。若再遇到经济下行、货币收缩、价格下行，固定收益类产品可能是比较好的。如果这方面的金融知识多一点，在不同经济周期有意识地表达自己的风险偏好，可能在理财方面收益会强一点，而这是一个动态的过程。

房地产是中国人绕不开的一个话题。在新冠肺炎疫情期间，主要发达国家和主要新兴市场国家的房价上升幅度都非常大，但是中国全国总体房价变化不是特别明显。总体而言，这与我们的货币条件在疫情期间的波动是有关的。比如前瞻性利率、银行间市场利率温和下降，这些逐步传导到贷款端，对普通百姓需求端的影响不大。宏观审慎的措施在疫情期间的影响相当微弱，其实与中央强调的"房住不炒"密切相关。

中国决策层不希望看到过多的资金进入房地产市场，调控的特征是需求面保持相对稳定的情况下，供给端的开发商调整自己的资产结构，不断加快销售回款。全国商品房的库存下降，意味着中国房地产的景气程度其实不会特别弱。因为如果供需矛盾没有被很好疏通的话，客观上还会造成市场的紧平衡。房地产的景气程度不但会影响到我们的投资，还会影响到大宗商品的价格，因为黑色金属的需求主要来自中国的地产和基建。

总体而言，目前中国房地产涨幅实际上已经受到了严格的限制。虽然目前的价格仍在上涨，但是不是在跑赢通货膨胀的趋势上呢？笔者个人不是特别看好房地产投资，而且目前在一线城市购买第二套房（及以上）的成本相当高。因此，笔者觉得对于有金融知识的人而言，还是要更多从事一些金融资产不同周期的配置。

在经济规律下，实现碳中和

碳中和与碳达峰是中国应对全球气候问题的庄严承诺。从疫情期间的表现就可以看出，中国政府的执行力非常强。然而从某种意义上说，主观意愿必须符合客观的现实，"双碳"目标的配套措施还应符合经济规律，不可操之过急。在 2021 年政府工作报告中，GDP 预期目标为 6%以上，但是工业和信息化部要求 2021 年的粗钢产量零增长，这显然就违背了经济规律。

在供给侧方面，我们关注到碳达峰对供给和需求平衡的影响。如果仅仅从供给端控制钢铁产量而不调节需求的话，就会造成供不应求、价格上升。因限产引发投机和囤积，造成国内黑色系（钢铁、煤炭等）价格短期内飙升。经济学中的很多经典案例，其实在中国到处可见。

相对于 2030 年的碳达峰，2060 年的碳中和从现在来看还是一个比较长期的目标，碳中和的目标压力更大。

据笔者了解，现在很多行业还不是很明确碳达峰对它们到底意味着什么。因为目前碳达峰的目标是 2030 年同比增速达到峰值，达到峰值是以 2029 年为参照系的。可以不考虑前期的增量，而在 2030 年的时候，同比增速降低。虽然中国在减碳方面的执行力很强，但是对很多行业而言，它们的目标不是很明确。

实际上，对于很多行业而言，经过了前几年的供给侧结构性改革，在环保指标各方面都做了很多技术更新，碳达峰其实已经不是难事（见图 2）。例如，在北京周围的很多重要的钢铁企业，比如河北钢铁就称其能在 2022 年实现碳达峰。但目前还没有看到各个行业出现可以真正落实的碳中和路线图和时间表。

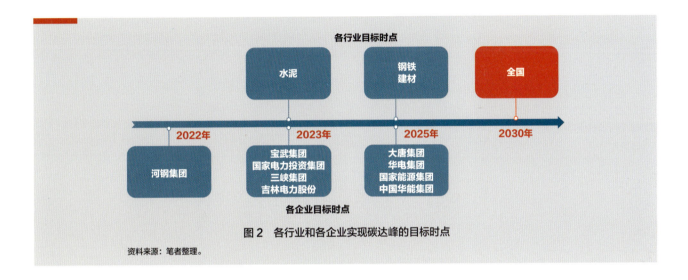

图 2　各行业和各企业实现碳达峰的目标时点

资料来源：笔者整理。

就具体理论而言，不论是要实现碳达峰还是多大程度的碳中和，笔者觉得关键就是两个因素：降低总需求或是在供给端实现技术进步。两者兼顾是更佳的选择。

目前中国总需求下降可能与老龄化背景下潜在增速下降是一致的，但是需求下降的速度是否应该快于潜在增速的下降速度，目前还没有科学的测算结果。作为宏观分析人员，我们目前看到的还是一些理念，还没有看到决策层清晰的路线图。笔者认为，资本市场在提前炒作"碳中和"的概念，认为新能源汽车、风能、光伏是碳中和发展的方向。目前资本市场上大量的资金正在向技术方面转移，具有减碳技术的公司都能够比较容易地在资本市场上得到资金，这有利于促进相关领域的科技进步。

笔者认为，总体而言，从经济增长这个函数而言，碳中和是给中国经济增长增添了一个约束条件。从这个意义上看，如果技术进步是不充分的或者经济增速下行是不充分的，那么要实现碳中和就可能需要提升成本。笔者在比尔·盖茨的《气候经济与人类未来》一书中察觉到一个经济学界不能充分解决的问题，就是"化石能源过于廉价"。这使得我们期望通过经济规律，让人们自觉形成节能减排的良好习惯的想法不可实现。通过市场化而不是行政的压力来抑制对能源的需求，就是提高能源的价格。因为在公共产品方面，私人部门是不太愿意参与的或者参与不是特别有效的。■

全面通货膨胀无基础，财政政策需积极

中国政府应采取更积极的财政政策，与货币政策互补，推进结构性改革。

受访者
王永钦
复旦大学经济学院教授、博士生导师

采访者
潘 琦
《复旦金融评论》(FFR)编辑总监

新冠肺炎疫情发生以来，各国都采取了较为积极的财政政策和宽松的货币政策，为全球经济复苏提供了较好的社会环境。2021 年以来，全球制造业出现繁荣景象，但同时也带动了全球通货膨胀预期抬升。

当前中国的一个通胀压力可能来源于输入性通货膨胀，这与中美经济脱钩风险紧密相连。跨国公司从中国撤出，迫使全球产业链重新布局，导致全球范围内的生产成本上升，但这一高度不确定的情况要依赖于疫情后的经济结构转型。在中国人口结构发生变化的前提下，政府应该让更积极的财政政策发挥作用，从增加国债供给入手，财政货币政策互补，推进结构性改革。

中国不存在全面通货膨胀的基础

FFR: 2020 年以来，已有不少国家受到美元超发的新一轮输入性通货膨胀的影响。土耳其的通货膨胀率高达 19%，巴西和俄罗斯的通货膨胀率均超过 5%。2021 年 8 月，受煤炭、化工和钢材等产品价格上涨的影响，中国工业生产者出厂价格指数（PPI）同比上涨 9.5%，创年内新高，再次引发各方对输入性通货膨胀的担忧。现阶段中国是否存在全面通货膨胀的基础？是否会受到输入性通货膨胀的影响？

王永钦：一个基本的判断是中国并不存在全面通货膨胀的基础，原因主要有以下三点：

第一，从过去十多年看，与其他新兴市场经济国家相比，中国的 CPI 其实一直处于较低位。

第二，从供给端看，过去三十多年，中国作为世界工厂，产品的供给一直保持充足的状态，即使在新冠肺炎疫情的冲击下，中国在 2020 年夏季就基本恢复了正常生产。

第三，从需求来看，在 2008 年金融危机后，中国的货币创造虽然很多，但是并没有大量进入消费品领域，而是通过金融机构购买房地产、股票等资产。

因此，中国国内在供给端和需求端都没有通货膨胀的基础，甚至可能因为中国很多大城市房价普遍上涨，挤出了消费者对于日常消费品的消费。

然而，西方国家是存在全面通货膨胀的基础的。在通货膨胀的两种解释中，货币主义认为通货膨胀与货币的发行量有关。而货币数量论在 20 世纪 80 年代以后就已不适用了，参照物价水平的财政理论可以进行更有效的解释。也就是说，一些国家的赤字很高，政府向百姓的大量借款无法偿还，有违约的倾向，一国的货币基础就会发生动摇，

▶ FFR 为《复旦金融评论》缩写。

就会发生通货膨胀。现代社会的通货膨胀根源更多的是财政问题。

首先，中美贸易摩擦以来，以美国为代表的国家试图与中国脱钩，这就会导致全球产业链的重构。在过去的三十多年中，全球已经形成了一套比较完整的产业链，跨国公司将不同生产环节放在成本最低的国家。然而，在脱钩的情况下，产业链必然需要重新布局，这就可能推高很多产品的成本，而西方国家的成本上升得比中国更快。这可能成为西方国家通货膨胀的一个重要来源。

其次，高福利的财政政策是西方通货膨胀基础的又一来源。以美国为例，新冠肺炎疫情以来，新旧两届政府均通过财政政策直接给老百姓发钱，这使消费者手中多出很多现金。然而，面对疫情控制的低效和疫情蔓延带来的极大不确定性，理性的消费者不会立即消费，而是把钱存起来，以寻求安全（flight to safety）；一旦疫情缓和，自由活动的限制减少，就可能出现寻求消费（flight to consumption）的迹象。这会在短期内带来通胀压力。

此外，拜登政府一直试图通过高赤字的方式推动社会改革，包括 1.9 万亿美元的经济刺激计划和 2.3 万亿美元的大基建刺激方案等，这都会带来通胀压力，因为赤字上升会削弱货币的可信度。

由于中国经济与世界经济紧密相连，故而受部分中间品或大宗商品价格波动的影响，中国还是会面临一些输入性的通胀压力，比如中国从其他国家进口煤炭、铁矿石、铜、石油等，其短期内的价格都会受到影响。

FFR：温和的通货膨胀对于刺激消费、财富再分配、政府低成本偿债有何影响？中国如何保持一个适度的调控水平？

王永钦：经济学家一般认为适度通货膨胀有别于通货紧缩，对经济发展有正面的作用。欧文·费雪在 1932 年首次运用"债务—通货紧缩"理论来解释美国大萧条。如果一个经济体的私人和公共部门的债务水平都很高，通货紧缩会加重债务人负担，导致企业破产、家庭没有消费意愿，加速经济下滑。

因此，在 2008 年金融危机之后，美联储、欧洲央行都尽量采取积极的货币政策，以守住"不会发生类似日本通货紧缩而引发经济困顿"的经济发展"底线"。由于价格型货币政策已没有余地（利率为零没有下降空间），各国央行普遍采取了量化宽松方式。欧美央行直接购买长期资产，比如住房抵押贷款支持证券（MBS），通过长期—短期利率曲线的改变，提高这些资产的价格，刺激人们投资，降低长期的资产短期相对成本。

还有一类非常规货币政策就是前瞻指引（forward guidance）。欧洲与美国金融市场的一大区别在于，欧元区的各国没有统一的国债。美联储可以通过量化宽松政策购买美国国债、住房抵押贷款支持证券；而欧元区缺乏经济体范围内统一的安全资产，相对美国较难通过购买安全资产来改变利率的期限结构，因此欧洲就通过引导市场预期来改变投资者的行为。2012 年 7 月，欧洲央行行长德拉吉在伦敦就如何应对当下全球挑战发表演讲时说道："在我们的职能范围内，欧洲央行会不惜一切代价（whatever it takes）保护欧元。相信我，我们有能力做到这一点。"一旦市场相信这一预期，就会根据它来调整，让通货膨胀回到 2% 以下。"不惜一切代价"这一强有力的态度为当时面临分崩离析危机的欧元区注入了一针"强心剂"，此后欧元区国家的债券收益率稳步下降。这一著名的发言也成为欧洲货币政策和经济金融形势的转折点。

因此，2008 年金融危机之后，上述两种货币政策的目标都是努力将通货紧缩控制在一定的水平，以避免其造成政府、企业、家庭负债过重，从而陷入恶性循环。所幸的是，西方各国央行都通过货币政策纾解了危机。与此前不同的是，一方面，新冠肺炎疫情以来，刺激政策更倾向于直接给小企业更多的优惠贷款，以防其倒闭；另一方面，在全球疫情下各国遇到的是实际的经济问题，因此财政刺激政策在疫情期间发挥了更大的作用。

求解债务问题不能只倚靠货币政策

FFR： 相较而言，2008 年金融危机发生后，中国政府实施的 4 万亿元刺激计划对经济发展有何影响？

王永钦： 2008 年金融危机发生之后，欧美都采取了非常规的货币政策，以及减税和补贴贫困家庭等财政政策。中国在受到巨大冲击之后，政府就采取了 4 万亿元的信贷政策，让银行打开闸门、扩大信贷，向地方政府、企业、家庭等不同的主体放贷。其中家庭部门的贷款都是用于住房抵押。据相关研究，真正扩大的信贷量远超 4 万亿元，甚至达到 40 万亿元。

这一政策的后续效果直接体现在：第一，中国的债务在 4 万亿元刺激计划后飙升。在短短的十多年时间内，地方政府债务、企业债、家庭债三者相加，占中国 GDP 的 300% 左右，处于全球较高水平。第二，中国家庭债从 2007 年的 4 万亿元左右上升到了最近几年的 50 多万亿元，涨了十多倍，且其主要形式为住房抵押贷款，由此带来中国房价的普遍上涨。

严重的债务问题会影响经济的发展。第一，债务过高会导致企业投资不足。因为企业是股东的，如果债务太高，那么企业边际上的新盈利都要用于给债权人还债，投资给股东带来的利润就不足，甚至为零。这是当年日本经济衰退的一个重要原因。1990 年泡沫经济破灭后，日本企业所拥有的作为抵押品的商业地产价值缩水，企业在负债累累的情况下，不得不放弃很多好的投资项目。这使日本错过了互联网时代的发展机遇，陷入了长期衰退，30 多年始终徘徊在零增长。这样的情况是中国务必要避免的。

第二，债务过高会导致家庭部门消费不足，在"双循环"的格局下，会加剧内需不足。在"双循环"新发展格局下，外需已经受到一部分限制，如果内需不足的话，会直接影响中国经济的发展。正如 2012 年，在美国经济已经走出萧条的时候，中国 GDP 增速从此前的两位数跌落到 8% 以下，一个重要的原因就是债务问题。据相关研究，2012 年中国经济中应付的利息已经超过了 GDP 的增量，成为经济发展增速放缓的原因。

对于债务问题，财政政策和货币政策都可以有所作为，遗憾的是，一直以来财政政策相对来说不是特别主动积极，没有充分发挥应有的作用，货币政策承担了不少本来应由财政政策来执行的任务。譬如，很多企业债务高企，政府应该对其实行一些结构性的政策，包括针对小微企业的减税、债务重组、债券核销等。而货币政策特别是结构性的货币政策，如中期借贷便利（下文简称 MLF）等新型工具的引入，使得央行直接调控信贷发放到相关的部门。按理说，央行在更多时候应该去实行总量控制的政策，实际上却实施了一些本应由财政政策承担的结构性措施。因此，我个人认为，未来的最优路径应该是能够让财政政策更加积极地解决一些结构性的问题。

FFR： 在央行实行结构性货币政策的同时，其独立性是否会受到影响？

王永钦： 结构性货币政策其实让央行拥有了更大的自主性和灵活性，可以通过 MLF 的由来看清中国央行货币创造的基础。货币都是通过借贷关系流通到市场上的，所有的基础货币都是通过央行发放给商业银行创造出来的。央行借出一笔钱给商业银行，其资产负债表的负债端就增加准备金，资产端就增加对商业银行的债权。央行购买商业银行持有的资产，那么央行负债端增加准备金，资产端就会增加购买的东西。相对于美联储购买国债，给市场释放流动性，中国的国债并不是很充足，于是中国央行只能被迫购买国内的非国债资产，比如公司债，这样就比较容易产生风险。

其实在 2014 年推出 MLF 之前，央行的货币发行也并不是基于国债或国内资产，而是基于美元，它占了基础货币创造的 90% 以上。因为当时出口在中国占了比较重要的地位，而且主要出口到美国，即使出口到美国以外的国家也会用美元来结算。由于出口盈余，中国国内积累了大量美元，按照规定将美元卖给央行，因而人民币就可以通过外汇占款的方式发行。如同中国这样的大国，以其他国家的货币作为抵押品发行货币，在全球范围内是非常少见的。外汇占款的货币发行模式符合当时中国经济发展的需要，中国加入世界贸易组织后出口与 GDP 的增长是正相关的。也就是说，中国货币的发行速度和质量与经济发展是吻合的。

然而 2014—2017 年，中国的外汇储备从约 4 万亿美元下降到约 3 万亿美元，如果不通过其他方式投放基础货币，就会引起货币创造不足。在这一背景下，MLF 弥补了外汇储备发行基础货币的下降缺口。央行开始购买国内资产，包括国库券、地方政府债券、企业债券，使得央行资产负债表资产端多元化，但这也使央行承担了一些不应该承担的市场风险。

增加国债供给的"一举五得"

FFR： 如何让财政政策发挥更积极的作用?

王永钦： 财政政策和货币政策的配合主要可以通过国债来进行。国债一般可以作为国家货币价值背后的抵押品，这一作用不仅限于国内市场，还体现在国际金融中的外汇市场。中国由于国债供给不足，央行只能购买其他资产，否则无法创造足够的信用来满足中国的需求。

中国国债不足可能是因为一些不符合现代经济的思维定式。我们传统上以既无内债又无外债为傲。其实不少发达国家都是以债务起家的，比如英国历史上的大量借债在其现代化中起到了重要作用，美国在独立战争时期也借了很多债，华尔街其实是通过交易国债起步的。

国债的发展对于中国经济发展有"一举五得"的作用。第一，国债可以视为现代经济中金融体系大厦最重要的地基。在过去的半个多世纪内，安全资产在美国金融资产中的比例固定为32%左右。这是一个神奇的数字，不论金融大厦多高，这个地基总是占32%左右，可见以国债为主的安全资产是非常重要的。因为国债这一无风险资产是整个社会的定价基准，也是金融机构之间借款的重要抵押品。美国回购市场上有70%的交易以国债为抵押品。中国银行间的借贷约85%是基于抵押品的（回购市场），但国债抵押品只占30%，15%是不需要抵押品的（同业拆借市场）。

第二，将国债作为抵押品能降低私人部门的融资成本。国债是货币政策的一个重要工具，央行通过购买国债资产发行货币，国债就相当于货币发行的锚或者抵押品。如果私人部门持有更多国债，并以国债为抵押来借款，国债就相当于银行体系内生创造信用货币的抵押品。国债是最高质量的安全资产，用国债作抵押可降低融资成本，或许还能降低对房地产等传统抵押品的依赖，帮助化解房地产泡沫。

第三，中国国债供给充足也能缓解国际安全资产匮乏的问题。研究发现，现在世界上的很多问题都与安全资产匮乏有关。目前，主要依靠美国、日本提供国际安全资产，国债稀缺会导致它们的价格过高、收益率过低，长期的无风险利率走低，对经济和社会造成一系列负面的影响。如今中国国债的收益率比较高，很多西方国家的投资银行都有购买意愿。

第四，中国国债发行能促进人民币国际化，也是利人利己的多赢行为。相对于公司债、地方政府债券，以国债支撑央行资产端，将使货币更具有稳定性，也更容易得到其他国家的信任。如果国际投资者更多地持有和交易中国国债，将能增加国债交易量和市场深度，会反过来促进国债市场的稳定性，又使人民币的基础更加坚实。如果中国国债能够成为世界安全资产，人民币在国际上的地位也会进一步提高，又会吸引更多国家持有人民币，形成一个正反馈。在国际贸易中，人民币可能也会替代美元成为最重要的结算货币。中国可能成为国际金融市场上首屈一指的大国。

第五，中国现在身处实现伟大复兴战略格局的关键时刻，在大国崛起道路上的诸多历史使命，包括建设新基建、践行绿色发展、实现共同富裕等，都可以通过财政来发力。国债供给固然有财政约束，但中国的税收是充足的，所以大量增加国债供给可发挥作用的空间很大。

中国政府要让财政政策发挥更积极的作用、与货币政策更好地配合、为中国的货币发行提供更坚实的基础，国债在以上五个方面的优势都可以发挥出来。

财币互补，推进结构性改革

FFR： 推进结构性财政政策对中国经济的发展有哪些好处？具体可以采取哪些举措？

王永钦： 目前的结构性改革至少可以从四个方面入手。第一，通过减税刺激个人消费、促进企业投资。中国有些部门的税务还是偏高，企业负担比较重，个人所得税也有下降的空间。

第二，民营经济在创造就业方面起到了非常关键的作用，政府要着力对中小微企业进行债务重组和债券减免或核销。在很多情况下，企业举债和违约并非道德风险所致，而是在经济周期到来时候的无奈之举。

第三，政府可以以非常规财政政策，通过承诺未来减税的目标来影响社会预期，刺激今天的投资和需求。

第四，增加社会保障方面的支出，让更多人得到公平的社会保障。中国的社会保障体系仍不够完善，私人过多的预防性储蓄导致消费动力不足。中国需要更具便携性或全国统一覆盖的社保政策，以促进劳动力的流动和再配置。

FFR： 针对中国人口结构的变化，中国需要有哪些配套政策?

王永钦: 人口老龄化也会导致创新和投资不足,影响房地产市场和股票市场。在一个经济体起飞的时候,硬件资产、土地资本相对重要,但中国已经走到了从依靠物质资本转向依靠人力资本、创新驱动经济发展的阶段。由于人力资本和教育变得更为重要,因此中国原有的发展模式势必要做相应的调整,应给予社会保障系统性的解决方案,在生育、养育、教育、住房等方面投入更多资源,向欧洲一些国家看齐,提供更多的义务教育和托育服务。

FFR: 财政政策与货币政策是不是协同配合的关系?

王永钦: 财政政策和货币政策是一个互补的关系,中国正在步入高质量发展时期,要实现创新驱动的增长、绿色发展和实现共同富裕,货币政策和财政政策都可以发挥重要作用。在结构性政策方面则需要顶层设计,让财政政策来承担更多本应该属于它的责任。随着中国步入创新驱动的高质量发展阶段,国家也要从主要作为一个银行家的角色,转变到更多地发挥保险者和风险投资者的作用,这也要求财政发挥更大的作用,以应对各种不确定性。

以权益类资产抵御通货膨胀

FFR: 您能否为我们解释一下通货膨胀对于不同收入阶层人群的不同影响?在通货膨胀真正到来的时候,对于普通个体的资产配置,您有什么建议?

王永钦: 一方面,根据恩格尔曲线,中低收入阶层的人群更依赖于CPI影响较大的一般消费品,通货膨胀对其影响会更大。最近几十年,我们也看到富人在通货膨胀来临之际能找到资产保值的各类方式,比如房地产投资、股票投资等,这些都会拉大收入差距。另一方面,通货膨胀对于债务人有债务减免的作用,尽管这一作用相比于财富增值对收入差距的影响较为微小。

另外,如果通货膨胀水平比较高,会发生与市场预期不一致的现象,使社会失去协调的标准。不同人对于世界上无数的商品的感知都是不一样的。例如,劳动者与工厂主签订劳动合同,包括工资如何决定、是否与商品价格挂钩,如果双方对通货膨胀程度的观点不一致,就会造成预期混乱。一旦形成自我实现的预期,会带来更严重的问题,比如在预期通货膨胀愈演愈烈的情况下,提前囤积商品,则可能加剧当前的通货膨胀程度,甚至陷入恶性通货膨胀的境地。当然,目前全球产能过剩,供给充足,通货膨胀还不可能发展到这个程度。

通货膨胀导致利率上升,对固定收益类的资产不利,而权益类资产的投资会相对更好。也就是说,在通货膨胀时期,股票类的投资好于债权类。在中央政府严格坚持"房住不炒"的原则下,非刚需的房地产投资风险会越来越高。在中国经济走向创新驱动的高质量发展阶段,创新活动对风险分担的需求将促使融资以银行借贷为主转向更多利用股市类融资,股票市场和风险投资(VC)等将发挥愈发重要的作用。如果在法律层面加强实施力度(尤其在保护中小投资者方面),那么高新技术和环境保护领域的股权市场会有相对更好的前景。**F**

▶ 本文代表被访者个人观点,仅供读者参考,并不构成为投资、会计、法律或税务等领域提供建议。

应对美国通货膨胀上升
引发的全球风险

在美国突然收紧货币政策之前，
高危经济体的自救措施可能是增强汇率弹性、
减少外币贷款和增加外汇储备。

魏尚进
复旦大学泛海国际金融学院访问教授
哥伦比亚大学终身讲席教授
亚洲开发银行前首席经济学家

美国的通货膨胀持续加速，2021年11月的消费者价格指数与2020年同期相比上涨6.8%，对此需要保持警惕的不仅仅是美国的中央银行，全球政策制定者尤其是许多金融脆弱的经济体的政府也应做好准备，迎接美国利率上升快于并早于多数预测的风险。

美联储在过去12个月已经多次大幅上调了通货膨胀预期。决定利率政策的联邦公开市场委员会成员在6月中旬的会议上估计，2021年个人消费支出的全年通货膨胀率将达到3.4%。这比3个月前对全年通货膨胀的预测中值高出整整1个百分点，更是2020年时对2021年全年通货膨胀水平预测的两倍多。

美国通货膨胀上升背后反映的是临时性和结构性因素的综合作用。例如，与新冠肺炎疫情相关的部分城市封锁导致产能下降，但大规模的政府刺激计划维持住了家庭部门的需求，并且使其中许多行业的需求超过了供应。一旦产能重新释放全部潜力，这部分造成价格上涨的因素就可能消失。

尽管不少美联储官员认为当前的通货膨胀上升主要由暂时性因素造成，但是当前通货膨胀也具有重要的结构性因素，与疫情并不完全相关。首先，从2008年以来，美国的货币政策一直处于扩张状态。尽管美联储为应对疫情引发的衰退进一步增加了货币供应，但是早在疫情暴发之前，美国的货币政策就非常宽松，即使在美国失业率处于几十年低位时也不例外。

此外，美国前总统特朗普对从中国进口的商品大幅加征关税，在三年时间内将关税税率均值从2018年前的约3%提高到20%以上。进口商品价格提高，对美国低收入家庭的影响尤为显著。对华加征关税也拉升了从越南和墨西哥等国进口的商品在美国国内的价格，以及许多美国制品的国内价格，因为这些产品是从中国进口的商品的替代品。另外，因为特朗普也对从中国进口的许多零部件加征关税，导致下游产品的价格随后上涨。拜登迄今为止还未对特朗普所定的关税做出修正。

特朗普2017年的减税政策和他及拜登随后的几波财政刺激计划都提振了总需求，进一步增加了总体价格上涨的压力。许多经济学家包括一些民主党派的经济学家都认为，相对于美国真实的产出缺口，拜登的1.9万亿美元"疫情救援计划"远远超出了恢复经济增长的必要规模。

美国通货膨胀上升会对国际社会产生什么影响？我们需要关注的一大风险，就是美联储收紧货币政策会有突然的动作：相比于目前美联储自己公布的相对温和的3.4%年通货膨胀率预测，美国利率上升时间点可以更早，幅度可以更猛。目前比较温和的通货膨胀率预测的前提是公众心里维持着一个"物价稳定锚"，也就是大多数美国家庭、企业和投资者依然相信，美联储既聪明又能干，总能够及时并适度地调整货币供应量，以防止通货膨胀失控。

然而，如果美联储总是未能将通货膨胀保持在理想的2%目标附近，那么公众的"通货膨胀锚"就是脆弱的。到那个时候，除非美联储大幅提高利率，否则员工的工资要求和公司的价格制定都可能开始反映出通货膨胀飙升至5%或以上的可能性。

历史经验表明，如果美国利率大幅上升，那么有两类国家可能会遭遇严重的金融和经济危机。第一类是外币债务比较严重的国家。它们向外国银行或在国际债券市场借款，本国的投资或消费比较依赖这样的资金，其中一些国家有大量短期外币贷款负债（到期时间不足一年）而外汇储备又相对较低。一旦美国利率上升，这些国家"借新债还旧债"发生困难，就特别容易发生严重的债务或银行危机。

第二类是采用固定汇率但其货币又被高估的国家。这些国家很容易在美国利率上升时受货币挤兑和汇率危机的影响。因此，如果美联储大幅收紧货币政策，我们可以预计，在未来25年，中美洲、南美洲、非洲和亚洲将出现一系列债务和货币危机。由于巨额的外币贷款和被高估的固定汇率并不相互排斥，一些国家可能会同时遭受几种类型的危机。因为这里会包含一些从中国获得大量融资的国家，所以这一风险应引起中国有关方面的关注。

这就是为什么美国的通货膨胀和利率政策对这么多的国家都如此重要。美国一"打喷嚏"，世界上的许多其他国家就"感冒"。然而其他国家不应指望美国因此改变其货币政策行为，也不应指望国际货币基金组织或七国集团能够引导美国的利率走势更具全球视野。

没有列入以上两种风险类别的国家也需要应对输入性通货膨胀的挑战。以中国为例，尽管中国目前外币负债金额较小并同时保持高水平的外汇储备，但是中国对输入性通货膨胀也深感担忧。为防止输入性通货膨胀加剧国内通货膨胀，中国人民银行需要根据实际情况及时收紧对经济的流动性供给。为了使得货币政策调节有效，中国人民银行需要引入更大的汇率灵活性或者收紧资本控制。从长远来看，选择前者对经济有利得多。

在美国突然收紧货币政策之前，可能遭遇风险的经济体需要抓紧时间实施自救措施。这些经济体可能还有六个月左右的窗口期，建议其增强汇率弹性，减少对外币贷款的依赖，与此同时增加外汇储备。 **F**

▶ 本文仅代表作者个人观点。编译：潘琦。

电商平台抑制通胀的"亚马逊效应"

电商平台可以让价格变得更加灵活，从而对货币政策产生巨大影响。

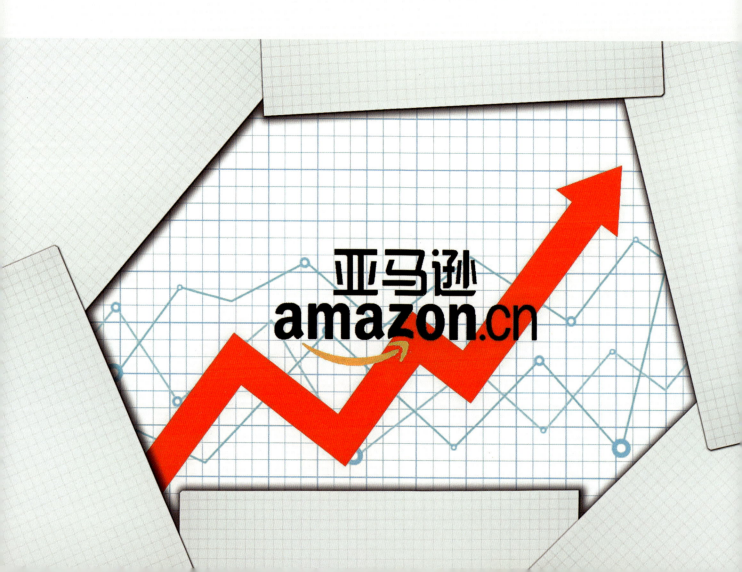

沈建光
复旦大学泛海国际金融学院金融学客座教授
京东集团副总裁
京东科技首席经济学家

新冠肺炎疫情冲击之下，全球货币超发带来的通胀担忧持续上升。用来解释通货膨胀的传统理论，在危机之后渐渐难以解释当前全球通货膨胀表现出的新特征。伴随着全球数字经济的发展，数字经济如何影响通货膨胀逐渐成为一个值得研究和探讨的问题。

新货币理论下的突围之路

当前，全球经济资产大膨胀，新货币理论已经悄然在实践。此次新冠肺炎疫情背景下各国采取的应对政策与2008年金融危机应对政策的最大不同在于货币宽松协同财政大幅扩张。美国、日本等发达经济体此次财政支出力度远超2008年金融危机。各国央行的量化宽松政策最初是危机应急手段，但后来在流动性陷阱下，已经完全成为降低财政融资成本的工具。如此大规模的货币财政协同，是发达国家自第二次世界大战以来的首次。

2008年金融危机时，美国也采取了量化宽松政策。当时美联储资产负债表急剧扩张，但财政刺激规模占GDP比重仅为6%。然而，2020年美国财政刺激规模占GDP比重则高达25%，几乎相当于2008年金融危机时的5倍，与第二次世界大战期间美国的刺激计划旗鼓相当。这可以说已经是非常极端的宽松政策。

另外，海外各国央行成为本国国债的重要持有者，也有人说这是变相的财政赤字货币化。美国、日本以及欧元区央行持有国债占比大幅上升，且趋势愈发明显。2020年，美国央行持有国债占比达25%，2012年时这一数据仅为8%。日本的情况更极端，2013年日本央行持有国债占其所有国债的比重只有12%，2020年占比则高达45%。

随着各国平衡预算理念被打破，债务利息负担可持续成为更加重要的指标。2007年以来，发达经济体债务率不断上升。在美国，拜登的新政策无论最终以何种方式落地，支出与增税的缺口都需要赤字和发债来填补。欧盟的8000亿欧元复苏基金（NGEU）也需要将偿债成本控制在较低水平。目前随着利率下行，不少国家甚至实行零利率，虽然债务率不断上升，但是利息支出比重反而下降，因此财务可持续性其实是增加了。

在大规模刺激之下，欧美等发达经济体的经济复苏进程非常迅猛。财政刺激规模越大越直达居民，经济恢复速度越显著。需求侧改善速度尤为明显，且与刺激力度呈正相关。其中，美联储预计2021年美国GDP增长7%，总量将超过疫情前的趋势水平。

全球通货膨胀预期渐起

新货币理论建立在没有通货膨胀的背景下。目前，通胀压力已经开始在各国显现。从发达经济体到新兴经济体CPI都在上行，只有日本例外，但其主要大宗商品较疫情前也大幅涨价。

作为本轮财政货币政策扩张最为激进的国家，美国的通胀压力尤其明显。相关数据显示，美国 2021 年 8 月CPI 同比涨幅高达 5.3%，为 2008 年 8 月以来最高，并且已经连续 4 个月都在 5% 以上。尽管美联储一直强调通胀是暂时的，但是目前这一论调不一定站得住脚。通胀压力上行就意味着央行要加息，美国接下来的刺激计划可能会受到很大制约。输入通胀亦有压力，美国进口价格指数持续上扬。其中，美国自华进口价格虽有所抬头，但幅度不及欧盟、拉美等美国主要贸易伙伴。2020 年，人民币对美元贬值 7%，但截至目前中国对美国的出口价格仅涨3%，可以说中国对美国抑制通胀有很大贡献。

与此同时，资产价格大幅上涨也加重了通胀压力。新货币理论的一个直接后果是全面推高股、债、商品等各类金融资产价格。虽然美国经济复苏势头强劲，但是 10 年期美债收益率反而在低位徘徊，凸显了流动性泛滥。同时，超低利率和低居民杠杆促使多国房地产市场"量价齐升"，美国成屋库存月数降至 1 个月左右，几乎"无房可卖"。

历史上，类似政策曾多次引发持续通胀。智利、秘鲁等拉丁美洲国家都曾进行类似新货币政策的财政赤字货币化，但在经济取得一到两年的增长后，政策的副作用开始显现，主要表现为恶性通胀、经济衰退和货币危机。然而日本例外，安倍经济学的货币财政政策没有引发日本通胀持续上行，原因是日本政府过于关注财政平衡问题，没有实施明显的财政扩张，相反还两次上调消费税。目前来看，发达国家特别是储备货币国家的财政赤字货币化风险尚且可控。接下来美国作为这场重大"实验"的代表能不能控制通胀，仍有待观察。

另外，中国也面临输入性通胀的压力。国家统计局数据显示，2021 年 8 月，全国 PPI 同比上涨 9.5%，这主要是由于原材料价格上行压力向下传导不畅，成本上涨对中下游企业利润造成挤压。2021 年 1～5 月制造业上游行业营收利润率明显上升，而中下游行业多数出现下滑，且营业成本率普遍上升。民营中小企业受成本上升的冲击更为明显。2021 年 1～5 月国有控股企业每百元营业收入中的成本相比 2020 年明显下降 2.05 元，而私营企业则增加 0.26 元。

全面降准有助于通过金融机构增加实体经济资金来源，加大对中下游小微企业的支持。目前，中国央行已经开启了全面降准的工作，一方面是预先防范"全球大放水"之后可能引发的潜在影响，另一方面则因为中国利率支出占比较高，财政还本付息压力较大，因此要降低对实体经济特别是中小微企业的利率负担。

电商平台何以平抑通货膨胀？

数字经济时代，电商平台迎来了快速发展，也带来了消费者消费习惯和消费市场供需特征的变化，由此对物价产生影响。

麻省理工学院开发的十亿价格项目（Billion Price Project，BPP），通过搜集互联网上的商品价格信息，不仅计算出 20 多个国家的每日网上价格指数，而且认为电商平台的发展能够起到降低通货膨胀的作用。

借助于十亿价格项目，电商平台平抑通货膨胀的"亚马逊效应"发现：商品线上和线下的价格出现较大程度的趋同，同时不同地区的消费者可以享受相同的价格，称为"统一定价"，其中亚马逊线上商品在不同地区进行统一定价的比例高达91%，而线下零售商则为78%。

美国、日本、韩国等央行都认为"亚马逊效应"在抑制通胀方面发挥了作用。比如2018年3月，美联储主席鲍威尔就曾表示亚马逊是美国过去十年时间里通货膨胀下降的原因之一。日本央行也曾在其央行官方文件中提及"亚马逊效应"在日本通胀中起到一定的抑制作用。

结合相关理论和实践，我们总结了电商平台稳定物价的四条渠道：

一是拓宽市场边界，降低信息不对称。也就是消费者不仅能够跨地区买到商品，而且不会因为地区原因受到"价格歧视"。对于消费者而言，电商平台打破了传统线下零售的地域分割，支持消费者在更广泛的区域内购买商品。对于商户而言，电商平台也能通过打破市场分割，改变厂商的定价模式，促进统一定价。这对促进通胀下行是非常有利的。

二是促进市场竞争，降低商品价格上涨的刚性特征。从零售商方面来看，电商平台通过提供各种商品的实时价格和优惠信息，提升零售供应商之间的竞争程度，降低商

品定价的溢价水平。从消费者方面来看，电商平台让商品之间可替代性增强，降低了消费者对单一商品的价格黏性。比如，线上猪肉商品价格的环比变化更加频繁、降价次数更多，显示出较小的价格黏性。

三是随着线上消费占比逐渐增加，消费品生产企业以及零售商多渠道、多元化的销售策略，线上商品和线下商品重合程度不断上升，线上商品的价格变动会传导到线下商品价格，使得两者之间的联动性增强。

四是促进形成理性预期，降低突发事件下供需缺口给价格带来的巨大波动。以2020年新冠肺炎疫情为例，通常在疫情等重大冲击下，消费者易产生"过度恐慌"心态，进而被诱发囤积商品行为，从而加剧价格上涨。得益于电商平台迅速在全国范围内进行市场供需匹配，同时将需求信息向供应商生产传递，及时补充急缺用品生产，进而有效降低了供需缺口对价格的冲击。2020年年初防疫物资需求旺盛，2月25日的口罩需求相较于2月23日增加了近4倍，但同期口罩的价格却依然保持相对平稳的走势，并未出现大的波动。

另外，电商可以非常精准地预测需求，大幅降低库存，从而降低成本、提高效率。结合以上四点可以看到，电商平台可以让价格变得更加灵活，从而对货币政策产生巨大影响。F

▶ 本文仅代表作者个人意见，与所在机构无关。仅供读者参考，并不构成为投资、会计、法律或税务等领域提供建议。编辑：张静。

油价缘何高，又向何处行？

拜登政府当前有强烈意愿抑制油价以缓解通胀压力。

钟正生
平安证券首席经济学家、平安证券研究所所长

范城恺
平安证券宏观分析师

2020 年国际油价崩塌，WTI 和布伦特原油全年均价仅 40 美元 / 桶左右。2021 年上半年国际油价持续上行，6 月初已升至 70 美元 / 桶，超过新冠肺炎疫情前 60 美元 / 桶的水平。截至 12 月下旬，WTI 和布伦特油价徘徊于 70 美元 / 桶附近。本轮国际油价缘何冲高？后续又将向何处行？

"供给约束"是油价高企的主因

2021 年以来，全球石油产品供给恢复节奏不及需求，库存不断消耗助推油价上涨。美国能源信息署（EIA）8 月数据显示，2021 年 1～7 月，全球石油产品消费量月均为 9610 万桶 / 日，而全球生产量月均值仅为 9430 万桶 / 日，对应供需缺口为 180 万桶 / 日。2021 年第二季度以来美国原油库存下降较快，自 3 月底至 6 月中旬，库存减少了约 5300 万桶，相应地，油价从每桶 60 美元上涨至 70 美元。6 月下旬至 8 月下旬，美国原油库存进一步下降了约 2000 万桶。

本轮美国原油供给的弹性明显弱于历史表现。页岩油革命后，美国石油产能可在半年左右的短周期内释放，一度成为全球原油市场的"搅局者"。此外，由于没有类似"OPEC+"的集体行动难题，追求最大化效益的美国油企通常会在油价快速上涨时及时增产。根据达拉斯联储 6 月调查数据，当 WTI 原油价格每桶达 58 美元后，至少超过半数的美国原油生产商能够有盈利地新开钻井。然而，2021 年 2 月中旬至 6 月中旬，WTI 油价由每桶 58 美元升至 70 美元，钻机数量仅增加了约 70 部，至 370 部。从钻机数量与油价的对比关系上看，截至 2021 年 8 月 27 日，美国原油钻机数达到今年以来最高的 410 部，而这一数字仅接近 2016 年 9 月初的水平，当时 WTI 油价仅为每桶 45 美元左右（见图 1）。

为何美国原油钻机增加得如此缓慢？一方面，美国主要油企对 2014—2015 年增产导致油价崩塌的情形心有余悸。2014 年超过 100 美元 / 桶的油价，曾吸引美国原油钻井数量在 9 个月时间里增加了 200 部。然而，2014

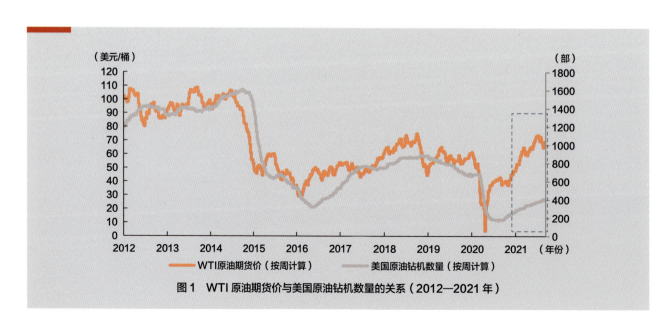

图 1 WTI 原油期货价与美国原油钻机数量的关系（2012—2021 年）

年底和 2015 年初油价急跌，2015 年 1 月油价每桶已跌破 50 美元。继 2020 年油价崩塌后，油企对本轮油价上涨的持续性仍有疑虑，因此在增加钻井数量和原油产量上显得十分谨慎。另一方面，债务压力及绿色转型压力均挫伤了油企的投资积极性。2020 年新冠肺炎疫情的冲击和油价的下跌进一步加剧了油企的债务压力。2021 年以来油企加快还债，资本开支则更加克制。雪佛龙财报显示，2021 年第二季度，其净收入为 31 亿美元，但资本开支仅 18 亿美元，负债净减少 25 亿美元。对比 2020 年第二季度，其在净亏损 83 亿美元的情况下，资本开支仍有 21 亿美元。此外，美国和全球能源转型需求也在抑制原油生产投资。截至目前，壳牌、BP、道达尔等油气巨头均已宣布"净零排放"目标，美国的雪佛龙和埃克森美孚等石油巨头在公司内部也通过了更多减排决议。

与此同时，"OPEC+"原油增产的节奏也维持克制状态。2020 年 4 月后，OPEC 一度大幅减产以修复受损的油价。2021 年 7 月"OPEC+"同意自 8 月开始逐月增产 40 万桶 / 日直到年底，同时原本 2022 年 4 月到期的减产协议将延期到同年 12 月；9 月 1 日"OPEC+"宣布维持增产计划不变。我们测算，2021 年其增产幅度仍然是克制的。2021 年 7 月 OPEC 产量仅 2666 万桶 / 日，与 2019 年平均水平相比仍有 320 万桶 / 日的差距（少 11%），而 EIA 统计的 7 月全球石油消费量与 2019 年均值的差距仅为 210 万桶 / 日（仅少 2%）。假设 OPEC 自 8 月开始每月增产 40 万桶 / 日，其增产幅度或仍不及全球石油需求的增加。

OPEC 增产为何保持克制？ 第一，其对新冠肺炎疫情后全球石油需求的看法偏悲观。OPEC 在 2021 年 8 月报告称，新冠肺炎疫情发展很容易抑制全球经济复苏的势头。第二，伊核协议谈判持续进行，伊朗石油有望重回市场。伊核协议谈判于 2021 年 4 月重启，截至 8 月已举行 6 轮。然而由于美伊分歧严重，以及伊朗政府领导层换届，新一轮会谈仍在推迟。2021 年 9 月 6 日伊朗外交部表示，谈判"原则上"仍将继续进行。第三，产油国希望在较高的油价下修补财政赤字。据国际货币基金组织（IMF）估算，对于沙特、伊拉克、伊朗等众多 OPEC 成员而言，虽然 60 美元 / 桶的油价已经足够平衡其经常账户赤字，但是平衡财政赤字仍需要油价维持在 70 美元 / 桶以上。

美国政府干预或使油价短期承压

2021 年 8 月 29 日，美国墨西哥湾地区遭遇四级飓风"艾达"，引起世界关注。历史上，飓风对油价的影响并不确定，因飓风可能同时影响石油供需，且美国政府还可能通过出售战略石油储备以平抑油价。2005 年飓风"卡特里娜"（五级）在一周内拉升油价，因飓风主要破坏了石油生产和供给，但美国政府随后出售战略石油储备，令油价持续 2～3 个月下行。2017 年飓风"哈维"（四级）在一周内使油价小幅下跌，原因是飓风主要影响炼油厂生产，意味着炼油厂对原油的需求减弱，而随后战略石油储备的出售并未阻止下半年油价上行趋势。

此次飓风"艾达"对油价的整体影响可能有限，反而更需要关注的是，后续美国政府出售战略石油储备带来的影响。

我们梳理了 1990 年以来美国历次大规模出售战略石油储备对油价的影响（见图 2）。1990 年以来美国政府进行过 6 次规模在 1500 万～3000 万桶的战略石油储备出售，触发因素包括战争、飓风等紧急事件，以及缓解财政赤字、缓解季节性用油紧张或讨好选民等。

图2　美国历史上6次大规模出售战略石油储备及其对应油价走势

　　首先，整体来看，美国出售战略石油储备或可短期（半年内）抑制油价，但难改中期（半年以上）趋势。1991—2011年的五次出售均造成了油价下跌，WTI和布伦特油价最大跌幅分别为20%～44%和16%～45%，最大跌幅时间间隔在1～3个月，平均为52天。而2017年飓风"哈维"后，由于战略石油储备出售规模较小（仅1500万桶）且释放节奏较慢（持续约4个月），油价不跌反涨。其次，如果抛储规模较大（如2000年和2011年均超过3000万桶）或者抛售节奏较快（如1991年仅耗时2个月），则相应油价调整幅度也越大。最后，美国抛储期间的WTI和布伦特油价走势并未发生明显背离，说明美国抛储将对原油市场产生全球性的影响。

　　美国政府为何在飓风来临前就决定抛储？ 因为拜登政府急切希望抑制油价以缓解通胀压力。油价增速与美国通货膨胀指标走势高度相关，而通货膨胀走势与其大规模财政计划的推行密切相关。从美国CPI的结构出发，据BLS在7月公布的数据，能源分项（包括能源品和能源服务）占美国CPI的比重为7.2%，交通运输服务分项占比5.3%。我们测算，在7月美国CPI同比增速的5.4%中，两者合计拉动就有2个百分点。历史数据显示，美国CPI与油价月度同比增速走势高度相关，因为除能源品外的其他商品和服务价格通常是相对稳定的。在美国通胀压力未得到缓解之前，拜登希望推行的3.5万亿美元财政计划将受到较多质疑。

　　8月11日拜登演讲时表达了对美国汽油价格高企的担忧。他表示，未来美国将加强对石油市场的监管，打击哄抬油价的违法行为。同时，拜登"喊话"OPEC称，疫情后实施的减产计划应该随着全球经济复苏而扭转，以降低石油产品消费价格。美国国家安全顾问沙利文当日也表示，"OPEC+"计划自8月开始逐月增产40万桶/日"远远不够"。这一度引发了市场对于美国干预"OPEC+"生产决策的恐慌。虽然"OPEC+"暂时不为所动，但是美国政府是否会继续通过地缘政治渠道向产油国施压？我们倾向于认为，这仍有可能。

　　拜登政府当前有强烈意愿抑制油价以缓解通胀压力，不排除其后续加大政策力度或出台更多措施的可能性。🄵

▶ 本文仅代表作者个人意见，与所在机构无关。仅供读者参考，并不构成为投资、会计、法律或税务等领域提供建议。编辑：潘琦。

人口逆转，通胀重来

如果非金融私人部门重陷赤字，那么宏观经济平衡要求政府部门必须转向盈余。然而，当与年龄相关的支出飞涨时，从赤字转为盈余将是极为困难的，我们认为这在政治上也是不可行的。这时，通货膨胀将成为恢复宏观经济平衡的一种方式。

查尔斯·古德哈特
"古德哈特定律"提出者，伦敦政治经济学院银行与金融学荣休教授

马诺吉·普拉丹
独立宏观经济研究机构 Talking Heads Macro 创始人

通货膨胀是多种因素相互作用的结果，这些因素包括潜在的结构性趋势、人口、全球化、宏观经济中储蓄和投资的平衡，以及纯粹的货币现象。直观上说，工人的产出通常大于自身的消费，而被扶养人（退休的老年人和未就业的年轻人）正好相反，因此工人和被扶养者之间的平衡对通货膨胀影响很大。更复杂的解释是，经济中的不同部门（居民、企业、政府）如何通过改变储蓄和投资行为来应对老龄化。

如果我们的政治经济学假设是正确的，即社会保障体系仍将存在，那么消费的年龄分布曲线将继续保持平坦，甚至向上倾斜。老年人将继续依赖（并投票支持）政府的援助，基本不会为更长的寿命进行储蓄。不可避免的结论是，为了实现从工人向老年人的资源转移，必须显著提高对工人征税的税率。

然而，工人并不是无助的旁观者，在发达经济体以及一些新兴经济体中，劳动力短缺将增强他们的议价能力，从而扭转发达经济体数十年的工资停滞状态。工人会利用这种较强的议价能力争取更高的工资，这也是通胀压力再度抬头的原因。

全球仍未准备好迎接可能的结构性上升的通货膨胀。在人口结构变化的众多影响中，通货膨胀卷土重来是我们最确信的，然而金融市场和政策制定者都无视自己面临的危险。这种极为反传统的推论背后的逻辑是什么？

老龄化具有通货膨胀效应

为了使雇主在雇用工人上有利可图，雇主计划支付给工人的工资必须低于他们产出的预期价值。工人获得的报酬必定低于其产出，在不动用过去积累的储蓄的情况下，工人是导致通货紧缩的力量之一。由于被扶养人只消费不生产，因此有导致通货膨胀的效应。

按此理论，总体劳动参与率的提高具有通货紧缩效应，工人增加带来的通货紧缩效应超过了被扶养人带来的通货膨胀效应。同样地，抚养比的上升具有通货膨胀效应（太多的嘴在争夺太少的食物）。通常情况下，通货膨胀被视为一种货币现象，考虑到近几十年来的扩张性货币政策，试图用货币解释当前的通货膨胀下行趋势非常困难。

经验表明，老龄化也具有通货膨胀效应。尤塞柳斯和陶卡奇（Juselius and Takáts，2016）揭示了一个实证关系："低频通货膨胀与人口年龄结构之间有令人费解的联系，即年轻人和老年人（被扶养人）具有通货膨胀效应，而劳动年龄人口具有通货紧缩效应。"他们使用了从1955年到2014年22个国家的数据，并对这段时间进行细分，因此结果不受高通货膨胀时期或低通货膨胀时期偏差的影响。他们的分析表明，1975—2014年，美国抑制通货膨胀因素中的6.5%可以由年龄结构解释。他们认为："年龄结构的变化是可预见的，并将在未来几十年增加通胀压力。"

这个结论背后的经济学直觉很简单。对于给定的"一篮子"商品和服务，消费增加本身会推升通货膨胀。给定消费水平，生产具有扩大商品和服务存量的能力，因此具有通货紧缩效应。被扶养人是纯粹的消费者，因此会产生通货膨胀的力量，而工人可以通过生产来抵消这种力量。如果经济中工人的增长率超过了被扶养人的增长率（就像人口红利一样），全球将会像过去几十年一样经历一段低通货膨胀时期。未来几十年里，被扶养人的增长速度将超过工人的增长速度。从数量上看，在可预见的未来，工人的数量仍将高于被扶养人，不过增长率始终在变化，这一点很重要。

人口挑战将逆转通货紧缩压力

尽管失业率大幅下降，但是工资增长率仍呈现令人惊讶的低增长趋势。在这里只需说明的是，我们认为这主要源于自然失业率的下降。自然失业率下降的原因包括劳动力议价能力逐渐减弱，以及工作岗位向低技能劳动力转移，而低技能劳动力的生产率和工资报酬都比较低。

这些因素的共同作用使得菲利普斯曲线（将工资或价格增长和失业率联系起来）显得更加平坦。然而，这种趋势是有限度的。我们已经指出，要进一步提高那些即将退休人员的劳动参与率可能会越来越难，因为55～64岁年龄段人群的劳动参与率已经大幅上升。在全球化进程放缓、反移民浪潮以及新进入劳动力市场的年轻人减少的共同作用下，面临人口挑战的国家的劳动力将减少。在这个过程中，这些国家的劳动力议价能力将再次上升。自然失业率的持续下降以及私人部门工会规模的缩小和力量的削弱将逐步趋于稳定，然后开始扭转。

自然失业率将再次在幕后悄然上升。和以前一样，这将出乎政府的意料。从 20 世纪 50 年代到 70 年代，政界人士和官方机构都没能意识到自然失业率在稳步上升，这导致了数十年不断上升的通胀压力。从 20 世纪 80 年代末到近年，他们同样未能意识到导致了几十年来通货紧缩压力的趋势正在逆转。我们认为，政府极有可能再次忽视（人口）潜在趋势的变化，并试图在未来几十年里将经济增速维持在可持续水平之上，将失业率控制在可持续水平之下。

▋ 居民部门的盈余将受到侵蚀

众所周知，伯南克（2005）将 20 世纪 90 年代以来实际利率的下降归因于"储蓄过剩"。"储蓄过剩"主要由两个因素驱动：第一，婴儿潮一代为将来的退休储蓄；第二，随着老龄化加剧，由于社会保障体系不完善，亚洲（尤其是中国）日益富裕的工人为其老年生活储蓄，结果是居民储蓄率很高。然而，随着婴儿潮一代退休，老年人（不储蓄的人）与工人（储蓄的人）的比率上升，居民储蓄率开始下降。

当经济处于稳态时，在抚养比不变的情况下，居民部门的储蓄率和经济增长正相关。这是因为，与不储蓄的退休人员相比，有工作的储蓄者会为自己的晚年存下更多的钱。然而，未来几十年抚养比很可能会恶化，并且产出增长率会下降。有人认为居民部门的储蓄将保持在足够高的水平，从而使得实际利率和总需求维持在较低水平（即支持长期停滞观点），他们中的大多数人是基于以下假设得到该结论的：①退休年龄相对于预期死亡年龄会上升；②国家为老年人提供的福利相对于工人的平均收入会下降。上述任何一种情况发生，针对老年人的支出增长都会低于工人的产出增长。上述两种情况都有可能发生，也有可能出于社会和政治的原因，两者都不会发生。

要实现居民部门的平衡，还需要考虑其他两个因素：第一，经常被忽视的住房的作用；第二，推迟结婚、生育、离家的影响。

部门盈余取决于投资和储蓄之间的平衡，大多数居民部门投资与住房有关。多数国家的人口预测显示总人口仍在增加，其中，65 岁及以下人口的占比在下降，65 岁以上人口的占比在上升。这将如何影响居民部门的住房投资？

搬家是一件充满压力的事情，一些衡量指标显示，它几乎与离婚带来的压力相当。老年人通常已经还清了抵押贷款，除非他们失去照顾自己的能力，否则没有必要搬家。因此，搬家的频率会随着年龄增长而下降。由于老年人仍居住在对他们来说过大的住房里，因此住房面积与人口之比可能会上升。结果是，住房投资下降的幅度不如劳动人口下降的幅度那么大。

结婚（组建家庭）年龄的上升，特别是生育年龄的上升，必然会影响家庭的投资与储蓄平衡。现在越来越多的妇女在 40 多岁生孩子，而在 20 世纪七八十年代，大多数人会在 20 岁出头时结婚，到 35 岁时已经有好几个孩子，孩子预计会在父母 45～50 岁前陆续离开。这就留下了大约 20 年的时间为退休做计划和储蓄，其间没有照顾孩子的负担。

如今，所有这些日期都往后移了好几年。我们假设 30 岁以下的年轻单身人士倾向于低估几十年后的退休生活，以至于没有为此储蓄足够的钱。此外，由于青年失业、住房成本上升和受教育时间延长，孩子们待在家里的时间更长了。从年轻人的角度看，待在家里意味着他们可以节省租金和其他生活设施支出。他们需要将这些储蓄留在未来使用，例如支付住房首付款，或者间接积累人力资本。从父母的角度看，这些社会变化将大大缩短他们为退休储蓄的黄金时期（例如，从 45～65 岁减少到 52～67 岁）。不断上涨的住房和大学教育成本给父母带来经济压力，如果父母为子女提供了更多资金，那为将来退休预留的钱就少了。

有人认为，前瞻性家庭在关注养老金计划的情况下会减少消费（Papetti，2019）。最近几十年，这一情况显然没有在大多数发达经济体发生，有一些明显的原因，比如短视和缺乏想象力等。人们没有足够的储蓄来平滑其预期生命周期内的消费。

世界经济论坛认为，未来个人储蓄不足的情况不会减少。相反，它们认为，在所覆盖的八个国家中，即美国、荷兰、英国、澳大利亚、加拿大、日本、中国和印度，在 2015—2030 年，个人储蓄不足情况都将显著上升，这一比率从日本每年的 2%，到中国每年的 7%，再到印度每年的 10% 不等（WEF，2018，《我们如何为未来储蓄》）。即使我们对世界经济论坛报告强调的退休储蓄不足的危险保留意见，结论也非常清楚，至少目前人们没有进行足够的储蓄来平滑他们在较长预期寿命内的

消费。

长期以来，居民部门都没有足够的储蓄来平滑生命周期内的消费，至少可以说，设想这种情况会突然改变是不可信的，即使在较短的时间内，家庭

通过借贷/储蓄来平滑消费的理论也没有得到充分的事实支持。

总而言之，我们预计未来几十年，居民部门的盈余将急剧减少。

非金融企业部门的异常盈余应转为赤字

自 2009 年全球金融危机引发的金融恐慌消退以来，大多数发达经济体企业部门的条件已变得较为有利。2010—2017 年，企业利润占国民收入的比例在大多数国家增长得非常强劲（意大利例外），已经比 1990—2005 年的占比高出很多。最近几年，实际利率和名义利率都急剧下降，除了日本以外，股票估值都在持续的牛市中上升。

在这种情况下，人们预期固定资产投资会强劲增长。然而，与之相反的是，西方经济体的投资率仍停滞不前，尽管中国的投资率仍然很高。其结果是，近几十年来，西方一些发达经济体非金融企业部门一直处于盈余状态。中国是明显的例外，中国的投资持续快速增长，主要依靠较高的债务融资。

因此，关键的问题是，尽管近几年来似乎有着其他有利的环境，但是什么原因导致了如此低的投资率？有几种相互矛盾的解释，但没有哪一种是排他的，所有这些解释都可能在其中起作用。主要有四种解释，分别是日益增长的企业集中度和垄断，技术变革，管理层激励，以及廉价劳动力。

第一，日益增长的企业集中度和垄断。有证据（主要与美国有关）表明，企业部门的集中度和垄断程度在不断提高。如果是这样的话，将导致更高的利润率、利润在国民收入中占更高份额以及更低的投资。在最近一篇美国国民经济研究局

（NBER）的工作论文中，Liu 等（2019）认为，持续的低利率本身会导致市场集中度提高、活力下降、生产率增速放缓。

第二，技术变革。目前领先的行业主要由技术公司组成，这些公司对人力资本的依赖远大于对钢铁、建筑、重型机械等固定资本的依赖。例如，软件开发需要大量的人力资本，但只需要相对较少的固定资产投资。就技术正在将增长方式转向人力资本而不是固定资产投资而言，固定资本支出与总收入和总产出的比率可能会下降，甚至有可能大幅下降。

第三，管理层激励。如果管理层激励与承担有限责任的股东激励相一致，那么很可能将导致管理层把重点放在最大化短期股权价值上。这一点很容易通过回购来实现，即利用利润通过以债代股的方式来增加杠杆率。不过，短期盈利能力的提升也可以通过削减长期固定资产投资和研发支出来实现，史密瑟斯（Smithers，2009，2013，2019）在几本书中都强调了这一观点。

第四，廉价劳动力。全球化与人口红利的结合，导致全球贸易体系内可用劳动力供给空前增加。当人们可以通过将生产转移到国外（比如中国、东欧）或者雇用移民等方式来降低生产成本，进而增加产出时，为什么还要在国内投资昂贵的设

备以提高生产率呢？与此同时，这种潜在外包竞争和外来移民削弱了私人部门工会的力量，并在过去几十年里压低了实际工资。在这种情况下，投资已经转移到那些劳动力特别廉价的国家，并且采取了多用劳动、少用资本的生产技术。

这四种解释孰重孰轻可能难以辨别，但我们认为，所有这些潜在的解释都是有价值的，特别是后两种解释。从社会整体的角度看，管理层激励一直是错位的，而且由于生产转移到中国和东欧等，大多数西方经济体的投资都受到了抑制。

当前，全球化和人口结构的趋势正在逆转。在过去 30 年实际工资停滞不前的经济体中，民粹主义和保护主义已具有强大的政治影响力。同时，导致劳动力大量增加和抚养比下降的人口红利正处在急剧逆转的边缘，就像日本已经发生的那样。这将提高大多数西方经济体的实际工资水平，从而可能导致企业家增加单位劳动的投资，以提高生产率和降低单位劳动成本。管理层面临的激励结构使他们在经营时采取短期主义行为，而只要低投资率是由短期主义行为所致，那么低固定资产投资仍将继续。

摆脱债务（尤其是非金融企业部门的债务）过度累积的关键途径（也许是必要途径）是转变管理层的激励机制，鼓励用股权融资代替债务融资。我们认为，在任何时候，劳动力市场的紧张都会提升工资和单位劳动成本。尽管还远不能确定，但是我们认为未来单位工人的投资很可能会增加。目前尚不确定这是否足以抵消工人增长率的下降，工人增长率的下降往往会使投资下降。因此，企业投资增加或减少的可能性都存在，但我们相信，不会下降太多。

另外，单位劳动成本上升、劳动力相对议价能力增强都将削弱企业的利润率，与之相比，1980—2020 年辉煌的几十年间，全球化、人口结构变化和宽松货币政策造就了资本家的"天堂"。然而那样的日子很快将结束，未来资本家盈利会越来越难。

传统上，当非金融企业部门出现赤字时，投资通常会超过留存利润。很多国家非金融企业部门已进入盈余状态，这很不寻常。基于上述原因，我们预计这将是一个相对短暂的现象，随着盈余逐渐减少，未来几十年很可能会重新回到赤字状态。

▎公共部门真的能扭转赤字吗？

基于上述原因，最近几十年，居民部门和非金融企业部门都趋向于进入大量盈余状态。因此，为了维持宏观经济平衡，基本算术法则要求公共部门不得不积累赤字。然而，对个别国家来说，这种赤字或多或少取决于它们是否有经常账户逆差（即世界其他国家有顺差）或顺差。经常账户顺差较大的国家，例如德国，可以通过较小的公共部门赤字实现平衡，甚至可能出现公共部门盈余；对于经常账户逆差较大的国家，例如英国和美国，则正好相反。

有人可能会认为，公共部门保持赤字以维持宏观经济平衡是一件好事，这为增加公共支出和减少税收创造了机会，但事实并非如此。从历史上看，过去 20 年中大规模的持续赤字只发生在战时，并且通常需要持续减支带来的财政盈余和意外通货膨胀相结合来抑制。就和平时期而言，全球金融危机之后的公共部门赤字和债务规模堪称史无前例。更糟糕的是，正如美国国会预算办公室（CBO）和英国预算责任办公室（OBR）长期预测的那样，对当前收入和老人赡养趋势的推断表明，债务率很可能会以指数级的速度增长。特别是根据现有计划，老年人的医疗保健和养老金费用会不断上升。从某一方面来说，目前这些成本被大大低估了，这与老年痴呆和其他老年疾病的发病率大幅上升有关。

在这种令人担忧的背景下，财政部长（民粹主义者除外）和许多谨慎的政客的本能是在逆周期政策上保持慎重，抓住当前出现的机会把赤字削减到一个更易管理的规模上并使之保持稳定，然后开始逐步降低债务水平。简言之，在这种形势下，财政政策将使宏观经济的通货紧缩压力持续。特别是欧元区，德国的保守政策以及欧元区赤字国家受到的约束加剧了通货紧缩趋势。

先前居民部门和企业部门的总盈余将在未来几十年中转向赤字。如果是这样的话，基本算术法则

要求公共部门不得不从赤字转向盈余。这需要在政治上做出非常痛苦的决定，包括削减公共支出或提高税收。由于减支的政治痛感更为直接（相比上升的债务和赤字水平），它往往无法实现，至少不足以保持宏观经济平衡，其结果几乎肯定是持续不断的通胀压力。**F**

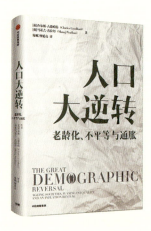

书名：《人口大逆转：老龄化、不平等与通胀》
作者：[英] 查尔斯·古德哈特，马诺吉·普拉丹
出版社：中信出版集团
出版时间：2021 年 8 月

参考文献

[1] Juselius M, Takáts E. The Age-Structure-Inflation Puzzle[J]. Social Science Electronic Publishing, 2016, April.

[2] Bernanke B. S. The Global Saving Glut and the U.S. Current Account Deficit[EB/OL]. The Federal Reserve Board Speech, 2005. Available at https://www.federalreserve.gov/boarddocs/speeches/2005/200503102/.

[3] Liu E, Mian A, Sufi A. Low Interest Rates, Market Power, and Productivity Growth[C]. National Bureau of Economic Research Working Paper, 2019.

[4] Smithers A. Wall Street Revalued: Imperfect Markets and Inept Central Bankers[M]. Hoboken, NJ: Wiley, 2009.

[5] Smithers A. The Road to Recovery: How and Why Economic Policy Must Change[M]. Chichester, UK: Wiley, 2013.

[6] Smithers A. Productivity and Bonus Culture[M]. Oxford: Oxford University Press, 2019.

[7] World Economic Forum. How We Can Save (for) Our Future[EB/OL]. 2018, Available at https://www.weforum.org/whitepapers/how-we-can-save-for-our-future.

▶ 本文经中信出版社授权，选编自书籍《人口大逆转》，原著译者：廖岷、缪延亮，相关引文和图表可参照原著。选文编辑：潘琦。

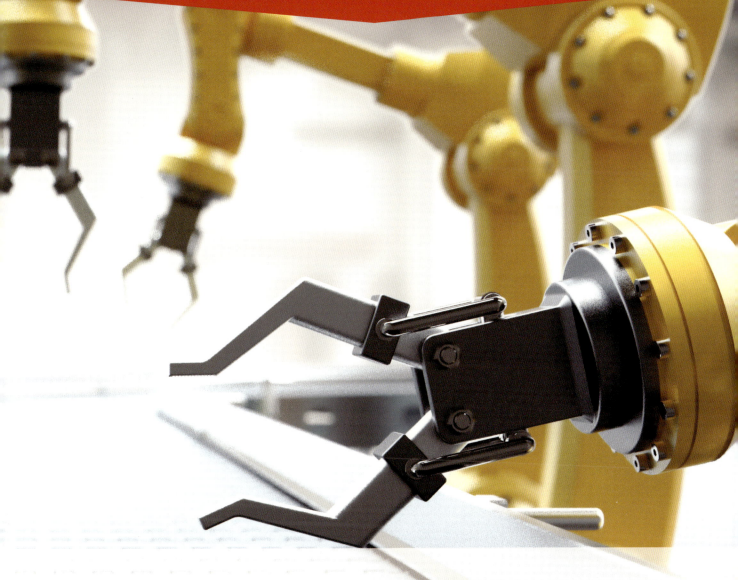

金融如何
支持实体经济高质量发展？

高质量的经济发展要从比较优势出发，
依据整体经济特征和细分产业结构特点选择创新与融资方式。

林毅夫
北京大学新结构经济学研究院教授、院长
北京大学国家发展研究院名誉院长

　　新结构经济学认为，一个经济体的要素禀赋结构决定其最优产业结构。不同行业、采用不同技术的企业在规模和风险上有不同的特点。由于各金融机构在提供金融服务方面各有优势和不足，一个经济体在其特定的发展水平上有一个适当的金融结构。随着经济的发展、资本的积累，以及要素禀赋结构、产业结构的变化，与其相适应的金融结构也相应演变。在高质量发展的时代课题下，新结构经济学对中国的金融改革具有怎样的借鉴意义？

立足比较优势

　　习近平总书记强调，高质量发展要求我们落实"创新、协调、绿色、开放、共享"的新发展理念，这是我们发展过程中必须遵循的基本原则。从新结构经济学的视角来看，要理解高质量发展，首先要了解经济发展的本质。一般而言，发展就是收入水平不断提高，生活质量不断提升，劳动生产力水平的提高必不可少，这就需要技术创新和高附加值新兴产业的不断涌现。伴随着技术创新和产业升级，电力、道路、港口等"硬"的基础设施以及金融、法律制度安排等"软"的制度安排需要同时得到完善。

　　因此，从新结构经济学的角度来看，经济发展是一个技术、产业乃至软硬基础设施结构不断转变的过程。在这个过程中，要实现高质量发展，最重要的是确定每个时点的经济体要素禀赋结构所决定

的比较优势。根据比较优势推动产业升级和技术创新，这样生产成本最低，企业有自生能力，如果政府能够提供配套的、合适的基础设施和制度安排，比较优势就会变成竞争优势，促进经济发展。政府有财力协调地区、城乡发展，企业有能力采用绿色技术，经济会开放，并且，会创造众多的就业机会，经济发展成果的共享将得以实现。

　　要让企业按照比较优势自发选择产业和技术，需要同时兼顾有效市场和有为政府。在一个有效市场中，各种要素的相对价格能够充分反映经济体的比较优势，并以此来引导企业按照比较优势选择技术和产业。同时，政府还要发挥有为的作用，解决经济发展过程中必然存在的外部性和弥补软硬基础设施完善的市场失灵，使技术创新和产业升级的动态过程能够顺利进行。

金融结构顺应产业发展

实体经济的特征有五个不同的维度。其一，规模，包括企业的大小和所需资金等。其二，风险。处于技术研发阶段的企业会面临较高的风险，而那些采用成熟技术的企业则风险系数较低，且对于前者而言，新技术能否被市场所接受又是另一重不可忽视的风险。其三，信息，主要指公司的布局、资产状况等硬信息和公司的经营状况、企业家才能等软信息。其四，抵押品，即衡量公司有无优质的抵押资产。其五，增长前景，即判断公司所在行业是新兴高速增长、市场扩张的还是相对传统的。

综合五个维度分析可以发现，如果企业的资金需求极大、风险极高，从现代金融安排的特性来看，选择股票市场融资是合适的。如果企业的规模大但经营风险较小，可以通过公司债或者银行贷款的渠道筹集资金。如果企业规模小、风险大但发展前景良好，那么可以考虑风险投资。反之，如果企业的规模小、产业的增长前景有限，缺乏优质抵押品，那么以上三种方式都不做考虑，或许企业可以从地区性的中小银行得到融资。

新结构经济学将中国实体经济中的制造业分成五种类型。其一，追赶型。我国和德国、日本等发达国家的制造业有一定差距。制造业企业，尤其是装备制造领域的企业，其技术发展与创新在相当大程度上可以从外部引进并消化吸收，例如从国外购买设备或在国外设立研发中心。大型追赶型企业通常已有相当长的经营年限，积累了一定的资产，其创新所需的资金可向大银行借贷。如果企业已经上市，还可以通过股票市场融资。如果经营状况良好、信息透明，公司债也未尝不是一种好的选择。

相对地，小型追赶型企业通常不具有大公司的以上优势，可以另辟蹊径，运用供应链金融、扶持配套产业来满足需求。

其二，领先型。在国内一些产品、技术位于国际最前沿的产业，例如家电和现代通信行业等，此类企业的经营状况通常较好，主要依靠自有资金做研发，自主进行基础科研和新技术、新产品的开发。政府要对基础科研提供资金援助和大力支持，尤其是对于一些共用技术，通过打造"企业＋政府"的共生研发平台，刺激基础科研的突破，增强企业自行研发新技术、设计新产品的创新驱动力。这些企业如果有扩大生产等需求，可以利用股票市场、大银行或者公司债来募集资金。

其三，转进型。一些在过去有比较优势但现在逐渐丧失优势的产业就属于此类型。比如劳动力密集型的加工业，其中一部分突破重围，走向了品牌、产品研发设计或市场渠道管理的高附加值产业阶段，而另一部分企业则始终在"微笑曲线"底端（产业链低端）徘徊。失去比较优势、位于产业链低端的转进型产业有些可以靠自动化来降低成本，不过对于它们最重要的办法是将工厂转移到工资水平低的东南亚、非洲等国家去创造"第二春"。这类产业所需要的金融支持一般来自银行。

其四，"换道超车"型。这主要指互联网、移动通信等新经济业态。它们的产品、技术研发周期通常较短，一般在12～18个月，研发以人力资本投入为主。我国改革开放几十年的资本积累相较于发达国家从工业革命起两三百年的资本积累相对不足，因此在金融或者物质资本人均量上我们比不上发达国家。然而在人力资本领域，我国却是不遑多让，这是因为人力资本取决于两方面：一方面是先天的聪明才智，另一方面是后天的学习。后者与教育有关，我国的教育水平不输发达国家。前者服从正态分配，在任何国家的人口中比例都是相差无几的，但作为人口大国，我国人才的数量是其他国家无可比拟的。因此，从人力资本角度来看，我国在短研发周期的"换道超车"产业不仅没有劣势，反而还有不小的优势。而且，除了人力资本之外，我国还有两大优势。第一个是国内大市场。中国有世界上最大的单一市场，新技术、新产品研发出来立刻能够进入全世界最大的市场。第二个是完备的产业配套设施。这可以催化从创新观点到实物成品的落地过程。由于人力资本的优越性，总体而言，我国"换道超车"型产业的发展是占据先机的。"换道超车"产业所需的金融支持包括早期研发阶段的天使资本、风险资本，以及在技术、产品成熟后用于扩大规模所进行的资本市场融资。

其五，战略型。此类产业与国防安全、经济安全挂钩，研发周期长，资本投入也特别大，比较优势匮乏。从理论上讲，从国外引进是成本最低的发展路线。然而，这很可能会对国家安全造成负面影响。因此，我们只能依靠自主研发，用大量的财政投入来支持其发展。

与制造业不同，农业的发展极大地受到气候、土壤条件的影响，所以农业技术创新很难从国外引进；即使引进也要反复试验，判断能否适应当地的土壤气候条件。由于这种限制，我国的农业技术绝大多数都是自主研发的。然而，即使首个采用新技术的企业可以获利，但技术一旦普及就会发展成为"谷贱伤农"的情形。因此，农业技术的研发通常需要相当规模的政府投入来支撑。现代化大农业的资金渠道有银行、股市（针对上市企业）等。然而对于小农户来说，合适的融资机构是地区性中小银行。

同样地，传统的服务业规模经济小，服务范围也有限，其技术创新一般是指现有和新生技术在新服务场景的应用。随着互联网大数据的诞生，出现诸如美团、拼多多等新型现代服务业务平台，这种创新主要是业态的创新、服务平台的创新。此类新业态服务业在创业初期可以寻求风险资本的帮助，在有了一定的经营成果后，可以在股票市场上市。对于大多数传统中小型服务业而言，最优解还是地区性中小银行。

银行改革迫在眉睫

如今的互联网生态利用大数据优势，能够满足一部分有在线交易数据、信息可查的中小型制造业、服务业的金融需求，但是依然有相当大一部分的中小企业由于缺少网络交易痕迹，即使在现有技术条件下也很难满足它们的金融需求。

未来的金融改革应该如何真正服务于实体经济高质量发展的需要呢？我国当下的实体经济构成仍以小型企业、农户为主，约50%的政府税收来自于微型和中小型企业，约60%的GDP收入来自于农户和微、小、中型企业。同时，80%以上的就业机会也是由这些企业创造的。

我国现有的金融制度安排可以说在可知、可行的范围内是应有尽有了。股市、风投、银行系统和公司债等构成了五彩斑斓的金融系统。这个系统以大银行和股票市场为核心，但在地区性中小银行的数量分布上却严重不足。究其原因，其实是双轨制改革所遗留的历史产物。改革开放初期约 80% 的实体经济都是国有企业，其中又以大型国企为主，它们大多违背比较优势原则，缺乏自生能力，依靠政府补贴"保驾护航"。在 20 世纪 80 年代，我国设立了以大银行为主的金融体系，成立了中国工商银行、中国农业银行、中国银行、中国建设银行四大银行，通过压低资金价格来满足大型国企的需要。到了 20 世纪 90 年代，国家逐渐开放股票市场，主要目的仍旧是为大型国企排忧解难、提供资金。至此，我国就逐步确立了以大银行和大股票市场为主的金融体系。

虽然此后有过几番改革，但是都未撼动这个根本格局。这种框架已经无法适应我国日新月异的经济状况。在这种框架下，有些企业很容易从金融市场上获取廉价资金，从而得到政府的支持与补贴，这种因果链条很容易滋生腐败。而且，资金拥有者（银行的存款者、股市的投资者）无法得到合理的回报，这也会带来收入分配不平等的问题。另外，如前所述，如今农户和微型、中小型企业虽然为国家税收、就业做出了巨大的贡献，但是却难以在当下的金融体系中获取匹配的金融服务，这是目前最大的问题。

因此，金融改革一方面可以从完善现有制度入手，强化监管也好，优化运行也好，都可以进一步提升其运作效率与水平。另一方面，想要深入改革，要重点着眼于银行。现有银行系统存在两大问题：第一是资金价格。对于战略型产业的补贴，要更多运用财政而不是银行的低价贷款。改革就是要使银行贷款价格回归一般市场水平。第二是利率。我国的银行存款利率长期较低，可能有全世界最大的存贷款利息差。一般西方发达国家的存贷款利息差最多是 1 个百分点，但在我国可以达到 3 个百分点甚至更高。贷款利率实现市场化了，存款利率却没有，二者不对等、不平衡。因此，下一步我们应该放开存款利率的限制，让资金所有者得到应有的回报。

除此之外，还要弥补小银行的短板。即使把那些由农村信用社转化而来的乡村银行都算在内，全国的小银行总数也不过 3000 家左右。美国现在有 6000 多家地区性小银行，而我国有金融服务需求的农户以及微型、中小型企业远远超过美国，因此，弥补小银行短板迫在眉睫。这首先要求监管跟上。目前我们是按照针对大银行的《巴塞尔协定Ⅲ》来进行监管的，中小银行的发展需要全新的监管规则以及机构与流程的创新。这与股市从审批制走向注册制如出一辙。

总的来讲，我国目前的金融体系并非缺乏某种特定的金融安排，而是现有的结构未能适应实体经济的结构。双轨制改革的历史遗产必须经过层层筛选与翻新，才能契合当代经济高质量发展的需要。🅵

中国企业在美争议的处置之道

了解美国法律程序,未雨绸缪,审慎对待。

郝 勇
美国西北大学法学博士
君合律师事务所合伙人

曹梦妮
美国圣路易斯华盛顿大学法学博士
君合律师事务所律师

刘义婧
美国圣母大学法学博士
君合律师事务所律师

汪 樯
美国圣路易斯华盛顿大学法学博士
君合律师事务所律师

当中国企业遇到拖欠货款的美国客户威胁要破产，谁应该怕谁？投资美国地产三年了房子还没盖出地面，来自中国的投资者能跳出这个坑吗？美国子公司早已关张，美国原告的诉状却追到国内总部，中国公司要不要应诉？

当中国企业遇到美国法律

中国企业在什么样的情形下最容易卷入在美法律争议？我们将从贸易、投资、理财三个有代表性的方面列举真实案件，但为避免任何对号入座的嫌疑，所涉及的各种标的都用假想的"牛仔裤"来取代。

第一类是贸易争议。 改革开放之初，拉动中国经济增长的企业主要是出口外向型企业。例如，中国的一家牛仔裤企业做了一万条牛仔裤出口到美国，美国进口商收到货品后发现拉链全被钉反了，协商未果之后，美国进口商就此提起诉讼。如果中方采取"鸵鸟政策"不应诉，美方在美国法院就算拿到缺席判决，在中国也很难执行。因此，过去中方在美国遇到诉讼后，积极应诉的动力不足，最后也不了了之。然而这些年来，我们在美国观察到一种新的趋势：不是美方起诉中方，而是中方起诉美方。出于种种原因，美国的不少进口商、零售商近年来业绩不佳，拖欠中方货款的情况越来越多。就类似的美方赖账情形，我们正在代表多家中方原告，在美国各地处理多起诉讼，涉及金额从上百万美元到几千万美元不等。随着中国企业的实力和自信不断增强，加之对美国法律体系越来越了解，越来越多的中国企业愿意主动拿起美国法律武器，在美国的土地上向欠款的美方企业维权，这是近年来我们观察到的积极趋势。

第二类是投资争议。 由于近年来中国企业逐渐走向国际化、中国生产要素成本不断上升、美国对中国增加关税等，不少中国企业选择在美国投资建厂，把牛仔裤拿到美国生产。与贸易情境下中方在美国没有资产的情况不同，此时中方已将部分厂房、机器、原料、存货搬到了美国，并派驻了不少中方员工。因此，如果中方在美国面临争议时不去应诉，美方在美国法院拿了缺席判决后，就可以直接执行中方在美国的资产，甚至限制在美中方员工的人身自由。

投资产生的争议，有不少缘于中美股东的关系。在我们处理的一起案例中，中国牛仔裤企业和美国的合作伙伴在美国设立了一家合资企业，作为中方在美国经销牛仔裤的独家代理，独家期限是五十年。二十年后，美方股东起诉了中方股东，理由是中方股东绕过了合资企业，在美国进行了其他分销，给合资企业及美方股东造成了损失，提出的索赔金额根据未来三十年的预期收入损失计算后，可能高达五千万美元。经过两年多的诉答、取证、调解，我们最终协助中方以四百万美元达成了和解，撤销了独家代理协议，换来了未来三十年的自由。

第三类是理财产品争议。 最近我们在处理一起由牛仔裤国际理财产品引发的争议。这项理财产品是通过中国有限责任合伙的基金形式，由中国的基金管理人向上百位中国投资人出售基金份额。在筹集每人五十万人民币的资金后，最后投到了位于美国纽约的"世界牛仔裤集散中心"项目中。然而两三年之后，中国投资人不但一分钱回报没收到，甚至听说这个项目实际上是个"坑"：地基还在打，尚未盖出曼哈顿的地面。当他们去找基金管理人了解项目进展情况时，才发现基金管理人已经失联，还被列为了失信被执行人，已被限制消费。国内维权受阻后，投资人不得不把目光转向美国的项目本身。由于中国投资人与美国项目公司在法律上相隔多层结构和多个法域，要直接找到美国项目公司去维权具有很大难度，但是毕竟他们的钱是变成了钢筋水泥投到了美国的"坑"里，回收投资的希望可能只有寄于这个"坑"。随着近年来国内理财产品的泛滥，我们预计涉及美国投资标的的理财产品争议会越来越多。

在美国浩如烟海的判例法、复杂多元的法院系统和美中法律的矛盾冲突面前，中国企业在美争议面临巨大挑战。因为在英美法系中，判例本身就是法律，除非后来被新的判例或者立法所推翻，否则将持续具有强制约束力。美国的联邦法院系统和各州法院系统是彼此独立的，五十个州有五十个州法院系统，联邦层面上有十几个巡回法庭。美国各州的自主权远超过中国的省份，每个州都有自己的宪法、民事诉讼法、普通法等，而复杂已久的美国法律体系和日益复杂的中国法律体系"相遇"，结果是美中法律的矛盾冲突近年来显著增多。

在君合律师事务所纽约分所近年来协助中国企业处理的实战案例中，我们从原告起诉资格和被告风险防控两方面探讨与中国企业切身相关的美国法律问题。

原告起诉资格：架构项目时未雨绸缪

原告适格问题是在美国提起诉讼或者仲裁时面临的首要问题之一。在合同违约的语境下，美国法律体系还进一步要求原告和被告均是合同主体（或至少是合同的受益方）。在公司治理相关诉讼的语境下，通常需要潜在原告与潜在被告之间存在直接的持股或其他公司治理关系，而不能相隔几层持股结构。

对于通过基金以及多层投资结构进行跨境投资的项目的投资人，以上原告适格要求通常会给其在项目端的维权行动带来实质性的挑战。在以上理财产品产生的争议案件中，该投资采用了常见的多层嵌套结构，中间层公司涉及多家在开曼群岛、中国香港、英属维尔京群岛、美国特拉华州、美国纽约州等地设立的公司。自基金参与以来，该项目就面临了包括原项目开发商及其控制人违反受托人义务进行自利交易、盗窃、侵占、欺诈等情况，因引入贷款人作为项目公司的股东及开发商而产生的利益冲突情况，以及项目整体开发进度缓慢，财务费用畸高，基金在项目公司层面缺乏话语权，甚至缺乏与开发商顺畅的沟通渠道等众多问题。无论在资金运营层面还是在项目开发层面上，项目都面临了巨大困境，前景不容乐观，并日益恶化。屋漏偏逢连夜雨，基金的管理人非但没有积极、尽职地解决问题，反而消极怠工，并且拒绝根据基金合同约定向客户进行任何信息披露。

上述案例中客户的维权行动面临了诸多挑战。首先是客户在拟提起诉讼时遭遇的困难。美国法律普遍规定，若要代表公司提起股东派生诉讼，必须是公司的直接股东。上述案例中客户非但不是项目公司的直接股东，而且由于中间隔了很多中间层公司，客户甚至都不是项目公司股东的股东。从国内基金开始一直到直接在项目公司持股的持股公司，其授权签字人都由基金管理人或其代表担任，而基金管理人既不愿意以持股公司的名义在美国对潜在被告提起诉讼，也不愿意让渡其对持股公司及各中间层公司的代表权，导致客户既不是适格的原告，也无法获得适格原告的配合使自己成为适格原告。

适格原告问题在非正式的商洽、谈判中也会形成障碍。由于上述案例中客户是一群个人投资者的集合，严格意义上来说并不能像基金管理人那样理所当然地代表基金，即使我们拿到了绝大多数投资人的授权文件，其他美国投资人通常也会质疑该授权的充分性。每当谈到比较实质性的问题，或我们代表客户向其他美国投资人问及比较敏感的信息时，大多数其他美国投资人都会以其需要遵守保密义务、不得将项目公司的信息透露给第三方为由予以拒绝。在这种情况下，客户只能从国内底层结构入手，先通过行政举报、更换基金管理人等方式力图获得国内基金的代表权；在获得国内基金代表权后再进行每一层持股结构的有权代表人变更。这无疑使得整个程序在从启动到完成的过程中均面临诸多障碍，而且耗费的时间和财力巨大。

从这一具有挑战性的案件中我们可以发现，对于多层架构的投资项目，投资人需要在架构搭建时或者在做出投资决策时，就认真考虑未来万一发生争议时的原告适格问题。除了对投资项目的前景、回报等财务方面进行分析外，也建议未雨绸缪地考虑投资项目进展不利、对内对外追究

责任的可操作性。就原告适格问题而言，比较有效的解决方法包括：将投资人代表安排为各中间层公司的授权签字人之一，或者让基金管理人向投资人代表出具不可撤销的、授权范围较广的委托书等。此外，在矛盾还未产生时就关注、行使投资人的信息权，持续地向管理人索要相关项目的财务信息。这将有利于投资人实时了解项目进展，并在一旦产生矛盾时拥有用于制定维权策略的基础证据或材料。

在实践操作中，与美国公司存在商业往来或任何形式合作关系的中国公司客户，如涉及在美国提起诉讼，中方还应对其是否具备在相应美国法院提起诉讼的起诉资格问题予以关注。

在我们处理的一起中国香港皮具公司所涉贸易案中，客户为作为该诉讼原告的中国香港某皮具制造商，起诉未

能按时支付货款的美国货物中转商，要求其根据双方签署的委托加工合同支付赔偿金，且主张该美国公司的原股东应退还其暗中收取的手续费。在我方向法院提交诉状后，被告方律师以原告缺乏在美国纽约州高等法院提起诉讼的资格为由，向法院提出驳回起诉，其前述主张的具体理由为：原告方虽为在中国香港注册设立的公司，且生产制造活动主要在中国香港进行，但多年来原告与包括被告在内的数家美国纽约州公司存在商业交易行为，该行为应被视为已形成了在纽约州的系统性常态商业运营。由于原告方一直未在纽约州进行商业资格注册并获取经营许可，因此原告方不具备在纽约州法院提起诉讼并获得救济赔偿的原告资格。

对于被告的上述动议，原告方向法院提交反对动议，并主张我方的起诉资格无须基于必须取得纽约州的经营许可这一条件，因为原告方并未在纽约州形成"永久的、连续性且形成常态的"商业运营活动。如果其商业行为仅属于非正式的、偶尔的、暂时性的或非实质性的，则法院不应据该商业行为而推断出公司在纽约州实际形成了商业运营行为。法院最终判定，如原告方在反对动议中陈述，因被告方未能提供充分证据向法院完成上述举证责任，法院推定原告仅在其注册成立地存在商业运营行为，因此判定原告方无须在纽约州获得经营许可即可享有起诉资格。

在纽约州进行商业资格注册并获取经营许可通常并不复杂，也不涉及很高的成本。虽然在上述具体案件中我们代表客户最终取得了胜利，但是客户如果在日常经营中更了解美国法律体系、与律师定期进行运营合规评估，将可避免出现由于类似小瑕疵而导致在诉讼中承担巨大不确定性的风险。

被告企业应诉：防控"刺破公司面纱"风险

当原告难以从"顺理成章"的被告处获得期望的赔偿时，原告可能会基于相同或相关的事实背景扩大被告范围，而利用"刺破公司面纱"制度是原告扩大被告诉讼范围的一种常用手段。

在我们经历的一起案件中，客户是一家中国生产型企业，多年前在美国设立了一家全资子公司，主要开展销售其母公司产品的业务。几年前，该美国子公司遭到其经销商起诉（被告不包括中国母公司），诉由包括产品质量问题、商业机密争端等。法院最终做出了对该客户美国子公司不利的判决，并且判令其应赔偿原告上千万美元。由于法院认定该客户的美国子公司在诉讼过程中无视众多法院命令，表现出一种"不尊重的姿态"，赔偿金额的一半为惩罚性赔偿。由于赔偿金额过高，该客户决定放弃美国子公司，未按判决要求的金额支付赔偿款。

由于无法执行前案判决下的款项，原告于近期针对该客户位于中国国内的几家控股公司提起诉讼，要求该客户对前案判决下的赔偿金额承担责任。原告诉称，美国子公司是该客户国内企业的"傀儡"（alter ego），没有自己独立公司体制的存在。美国子公司的纳税申报表和财务报表显示其没有实质性的账簿和记录，更不具备企业的正规构成。此外，美国子公司没有任何证据显示其召开了董事或股东会议，其运营决策由国内的控股公司主导、需要国内公司同意。原告进一步主张，该客户美国子公司的财务报表显示，其在几年前的诉讼过程中将大量资产转移回国内的控股公司，甚至"前一天还是一家有办公室、有员工的公司，后一天就人去楼空、销声匿迹"。

该案下，原告方对中国国内的被告起诉主要基于两个理由。第一是"刺破公司面纱"理论。和世界上大多数国家的规定类似，美国法律规定公司股东原则上仅对其所投资的公司在出资范围内承担有限责任。然而，该有限责任存在例外情况，例如股东将其所投资的公司仅作为"傀儡"，而且考虑到其他一些可以证明恶意的情形后，如果再适用有限责任将明显对受侵害的原告不公平，那么美国法院基于衡平原则，就可以将股东责任突破出资的限制。

第二，原告提出了"欺诈性财产转移"的理由。原告诉称，该客户美国子公司在前案判决下有向原告支付的义务，而美国子公司向中国母公司转移资产是为了避免这些资产被原告执行判决。母公司在接受来自子公司的资产转移时没有提供足够的对价，该资产转移违背了诚信原则，而且构成了对原告的欺诈，使其无法执行前案判决。为支持其主张，原告强调了母子公司之间的完全控股关系、资产转移系秘密进行（并未告知原告）、在资产转移发生时美国子公司已无力清偿到期债务等因素，以图说明该行为符合美国"欺诈性财产转移"的界定，中国国内的母公司应承担相应的责任。

从上述案例可以看出，对于从海外完全"撤离"且没有其他海外资产的中国公司，境外原告仍可能会基于包括"刺破公司面纱"等理论起诉国内实体。在美国设立子公司的中国企业要尽量降低被"刺破公司面纱"的风险，就需要在日常运营中注意体现子公司的独立性。

具体而言，首先应避免经营和人员的混同，应注意避免混用公司邮箱、名片等，子公司的业务代表对外应严格使用子公司的联系方式。在商业谈判中，除非确有必要，否则对于自身身份的介绍也应准确而尽量避免"身兼数职"，或在没有必要的情况下为了体现具有更高的代表权而将自己的身份表述为母公司的员工的做法。

其次，母子公司之间还要避免财务混同。例如，商业合同签署方与实际付款方尽量保持一致，尽量避免母公司为子公司代付等情况。此外，子公司应与母公司保持相互独立的银行账户。

得知在美国遭到起诉后，中国企业是否需要在美国进行应诉？对此，我们建议从两个方面进行分析。

首先，从美国诉讼程序法出发，应判断能否通过不应对或者在保留针对案件实体异议权利的情况下只对法院的管辖权等程序性问题提出异议。对于位于美国境外的被告，"法院无属人管辖权"通常是一个可以考虑采用的异议理由。此外，在不少跨境争议中，原告未能对被告完成妥善送达也可能会成为一个申请驳回案件的理由。如果原告未对被告就诉讼相关材料进行妥善的送达，那么这将违反美国宪法下的程序正当性原则，通常情况下法院不会在其认为送达未完成的情况下允许案件进入实质性阶段。因此，如果送达存在瑕疵，那么甚至可以考虑暂不应诉。

其次，是否需要应诉的第二个考虑因素是缺席判决可能产生的对被告的不利影响。在近期的司法实践中，作为母公司的中国企业因海外原告基于"刺破公司面纱"等理论被提起诉讼，并最终被判决须承担责任的案件并不鲜见。除此之外，美国判决在中国也具有被承认和执行的可能性。中国法院对于未签署双边司法协助的法域的民商事判决的承认和执行持日渐开放的态度，在审查相关美国判决过程中，中国法院可能不会就实体问题再进行调查，中国境内的被告也可能不会在这些实体问题上有抗辩的机会。此外，对于业务遍布世界、享有良好声誉的大型企业而言，在境外拿到不利的缺席判决且拒不执行，也会对其商誉产生不良影响。

综上所述，我们建议中国境内的企业审慎对待在美国的诉讼程序，以免后续遭遇被执行的被动局面。🅵

▶ 本文仅代表作者个人意见，与所在机构无关。仅供读者参考，并不构成为投资、会计、法律或税务等领域提供建议，编辑：张静。

人力资本的蝴蝶效应

——福岛核事故如何拉升美国企业的离职率

企业人力资源管理不仅需要考虑自身的运营，还要考虑并积极应对外部冲击。

高华声
复旦大学泛海国际金融学院副院长
金融学教授、博士生导师

2011年3月11日，日本东北发生里氏9.0级地震，继而发生海啸，导致日本福岛核电站受到严重的影响，放射性物质泄漏。随后，日本原子力安全保安院将福岛核事故的等级定为核事故最高分级——7级（特大事故），与切尔诺贝利核事故同级。

这场震惊全球的核事故与大洋彼岸的美国并没有直接关系，但正如亚马逊河的蝴蝶扇动几下翅膀就能掀起得克萨斯的一场龙卷风一样，日本的核危机竟然无意中影响了数千里之外美国企业的员工离职率和企业业绩。

员工离职率与企业业绩因果关系

员工离职率与企业业绩之间的因果关系一直是学术界和业界感兴趣但又难以识别的重要问题，这两者之间的关系至少存在以下四种可能：第一，较高的员工离职率使得企业丧失人力资本，从而降低了企业业绩，即高员工离职率导致了较差的企业业绩；第二，企业业绩不佳导致员工纷纷离职，即较差的企业业绩导致了高员工离职率；第三，较高的员工离职率使得企业内部的人力资本更新频繁，保持了企业的活力并避免了企业固化，从而提升了企业业绩，即高员工离职率带来了较好的企业业绩；第四，良好的企业表现使得其员工在劳动力市场拥有高度选择权，员工拥有较大的自主空间选择离职

创业或跳槽到其他公司，即较好的企业业绩导致了高员工离职率。

要鉴别哪种可能更符合商业现实，则需要借助外生性的随机事件，即某事件不在企业控制范围内，且不会对企业的业绩造成直接影响，但该事件影响了企业的离职率。通过分析该事件如何影响离职率，进而影响企业业绩，就可以识别出离职率和企业业绩之间的因果关系。

笔者和合作者利用日本福岛核事故作为外生性随机事件，并研究该事件所产生的人力资本蝴蝶效应，分析该事件如何影响大洋彼岸的美国企业核心员工离职，并最终导致美国相关企业的业绩下滑。[1]

---

① 选自《人力资本中的蝴蝶效应：解决员工离职与企业业绩的内生问题》，由陈国立、邓辛、Ithai Stern、高华声完成。

日本核事故恐慌影响美国企业业绩

日本福岛核事故是自切尔诺贝利事件以来最严重的核泄漏事故，爆发之后引发了全球对核电安全的恐慌，例如欧盟委员会随即要求欧盟各国展开欧洲范围内的核电厂风险和安全评估（压力测试）。德国政府迫于国内民众对核电的恐慌，于 2011 年 6 月 30 日宣布将逐步放弃德国核能发电。在中国，福岛核事故也引发了国内的恐慌情绪，事故发生后中国政府立即采取措施，对全国核设施进行了全面的安全检查。

本研究以总部靠近美国核电站的企业为实验组（这些企业未必是核电企业，只是位置靠近核电站而已），同一行业且规模相同但不靠近核电站的企业为参照组。需要特别说明的是，福岛核事故发生在日本，对远在太平洋彼岸的美国不产生实际影响。这里的实际影响是指，美国的核电设施没有受到此次海啸的任何影响。

以往的研究表明，灾害造成的伤害越大，越难以预测，越容易被察觉，人们就越有可能关注想象中的坏结果，而忽略它不太可能再次发生的事实。福岛核事故就是这样一种冲击，它引起了美国民众对于核电的恐慌，即便美国的核电措施一如既往的安全，但是民众主观感觉上的安全性却在下降（即便这种主观感受可能没有科学证据，而是一种情绪化的反应）。这使得靠近美国核电站的民众有意愿离开当地去别的地方定居，从而可能提高当地企业的员工离职率。

通过对比实验组和参照组这两类企业在福岛核事故前三年和后三年的员工自愿离职数据我们发现：在福岛核事故爆发的前三年，实验组和控制组的员工离职率十分相似；在福岛核事故爆发之后的三年，实验组的员工自动离职率上升了 28%。[①] 这就是本文所指出的"人力资本的蝴蝶效应"：日本发生的核电事故引起了人们对核电的恐慌，即便美国企业没有受到这一灾害的直接冲击，但是美国的民众也被这种核恐慌情绪影响，从而纷纷逃离靠近核电设施的企业，最终使得这些企业失去了宝贵的人力资本。

随后，我们对比了实验组和对照组的企业营运业绩（ROA）变化，发现实验组的企业业绩下滑了 1.25个百分点，而对照组则没有明显变化。这些结果证明，高员工离职率会导致企业业绩的下滑。上文所述的第一种可能得到了数据的证实。

为了进一步证明企业业绩的恶化确实是由员工的离职引起的，我们根据员工—企业关系将企业分成两组：员工—企业关系友好的一组和员工—企业关系不太友好的一组。大量的研究表明，良好的员工—雇主关系可以增强资方和劳方的信任，减少双方的信息不对称，并维持公司员工的稳定，从而有利于公司的长期发展。如果企业业绩的恶化确实是蝴蝶效应引发的人力资本外逃所致，那么这种业绩恶化的情况在员工—企业关系良好的企业中理应愈发明显，因为在这种企业中员工价值更高，员工离职的负面影响更大。我们基于国际通用的多米尼 400 社会指数（由Kinder、Lydenberg 及 Domini & Co.Inc. 创立）来衡量企业的雇员关系，结果也确实发现在福岛核事故之后，业绩下滑最多的美国企业恰恰是雇员关系最好的一组企业。

---

① 鉴定员工是自愿离职还是被迫离职（即被企业开除）一直是学术上的一个难点，我们用员工自愿放弃尚在锁定期的期权来衡量员工的自愿离职率。为了留住核心员工，企业一般会给员工期权一个锁定期，如果员工在锁定期内主动离职，那么期权将作废。因此，在锁定期的期权作废率是衡量员工主动离职的合理变量。

关注人力资本的外部冲击

以上研究对我们有这样四点启示。

第一，学术界对于福岛核电危机以及其他自然灾害的现有研究很多，但这些研究往往聚焦于直接效应，比如学者发现自然灾害之后，企业往往会加大捐赠力度，但是对于大型灾害的蝴蝶效应却研究得很少。我们的研究揭示了，类似福岛核事故的大型灾害除了直接、立即的影响之外，它对人类活动也有间接而长远的蝴蝶效应。

第二，对于企业的人力资源管理而言，发生在日本的福岛核电危机可以触发数千里之外的美国企业员工的蝴蝶效应，这表明企业人力资源管理不仅仅需要考虑自身的运营，还要考虑到自己"势力范围"外的因素，并积极应对这些外部冲击。

第三，该项研究促使我们重新思考员工—企业关系。之前的研究往往强调良好员工—企业关系的正面作用，而忽略其风险。人力资本和机器设备（物质资本）的最大区别在于企业可以自愿拥有后者，却不能自愿拥有前者，人力资本可以根据自己的自由意志离开企业。一旦人力资本在外部冲击下决定离职，之前建立的良好雇员关系对企业往往会有更大的负面作用。

第四，虽然福岛核事故发生在 10 年前，但是对于当下的新冠肺炎疫情同样有启发作用。和福岛核事故引发的蝴蝶效应类似，尚未结束的新冠肺炎疫情会产生怎样的蝴蝶效应，比如，核心地区的一两例新冠肺炎感染病例是否可能引发整个产业链的瘫痪，这都是后续值得讨论的问题。**F**

▶ 本文仅代表作者个人意见。编辑：张静。

独立董事制度：理想与现实

独立董事制度良性运行的关键在于监管和司法体系能有效地遏制大股东滥用公司控制权的"掏空"和掠夺行为，保证这些控制者真正服务于全体股东的最佳利益。

施东辉
复旦大学泛海国际金融学院金融学教授

近日，康美药业案件中 5 名时任独立董事被法院判决承担连带赔偿责任成为社会热点话题，5 名独立董事被要求分别承担总金额 5%、10% 不等的连带赔偿责任，折算成具体赔偿数额约为 1.23 亿元和 2.46 亿元。为何独立董事当时没有发现并制止上市公司的财务造假行为？这个问题引发了社会对独立董事制度的检讨和反思。

无独有偶，在大洋彼岸，曾名噪一时的"女版乔布斯"——伊丽莎白·霍姆斯欺诈案也于 2021 年 9 月正式开庭审理，其创立的血液检测公司 Theranos 涉嫌谎称拥有革命性的血液检测技术，欺骗病人和投资者。令人困惑的是，Theranos 公司的身后隐藏着阵容豪华的董事会成员——美国前国务卿乔治·舒尔茨和亨利·基辛格、富国银行前董事长卡尔·理查德，甚至还有美国疾病控制和预防中心（Centers for Disease Control and Prevention，CDC）原主任威廉·福格，但他们均未能及时发现该公司的严重造假行为。这些独立董事普遍被外界认为未尽其义务。

自 1978 年纽约证券交易所引入独立董事制度以来，人们对独立董事制度抱有一种普遍的认识，那就是内部董事在有效监督公司高管方面会遇到更大的障碍，而独立董事更有能力发现欺诈、保护股东利益和监督管理层滥用权力。但"理想丰满，现实骨感"，将独立性的概念转化为公司治理实践绝非一项简单的任务，全世界的独立董事制度都在经历不断的困惑、反思和探索。

独立性悖论

五十年前，哈佛大学商学院教授迈里斯·马斯（Myles Mace）写道："太多公司的董事会仅仅是公司圣诞树上的装饰品，是没有任何实际目的、装饰性的、华而不实的、举止文雅的小玩意……"

马斯是在对美国公司董事会运作进行调查后写下上述论断的，这揭示了独立董事缘起的时代背景。20 世纪 60 年代以后，美国大型公众持股公司的股权越来越分散，董事会逐渐被以首席执行官为首的经理层所操纵，使董事会对经理层的监督日益缺乏效率，出现了所谓的"强管理者，弱所有者"的"内部人控制"局面。一些经济学家，如哈特和格罗斯曼甚至认为，敌意收购是从外部制约偷懒经理层的唯一有效的工具。但以杠杆收购（Leveraged Buyout，LBO）为代表的敌意接管在 20 世纪 80 年代达到了顶峰，并暴露出社会成本过高等种种缺陷时，美国公司开始对"一元董事会"模式进行改良性制度创新，通过引入外部独立董事来强化董事会的监督权。

至 20 世纪末期，随着新自由主义和"华盛顿共识"的风行，股东至上主义发展成为美式资本主义的核心特征。美国立法机构、自律组织加速推进独立董事制度，并随后在全球范围内掀起了一场独立董事制度运动。进入21世纪，安然、世通公司的丑闻生动地表明了公司治理体系的弱点。随后出台的《萨班斯－奥克斯利法案》（以下简称《萨班斯法案》）和《多德－弗兰克法案》强化了审计委员会等董事会专门委员会的职能，以确保对管理层进行有效监督。

独立董事制度在美国的发展及演进表明，所谓独立董事，是指独立于管理层，正如美国公司董事协会前主席Rock说过："独立董事的最大美德在于其独立性，这有助于董事向经理层的决策发出挑战，并从一个完全自由和客观的角度来评价公司的业绩。董事绝不应对经理层心存任何感激之情。"尽管美国社会对独立董事的独立性仍有所诟病，但考虑到标普500指数成分公司董事会中85%席位都是独立董事、34%的董事会主席由独立董事担任的现实，可以认为目前的美式独立董事制度相对较好地解决了独立董事对于经理层的独立性问题。

如果说美国公司较为分散的股权结构形成了独特的美式独立董事制度，那么在股权结构较为集中的国家和地区，如中国、欧洲大陆国家、大部分新兴市场国家，独立董事制度的引入是作为制约大股东的"药方"提出的，面临着所谓的"独立性悖论"，即：独立董事是由大股东或实际控制人提名的，却又担负着监督大股东或实际控制人的职责。

中国的上市公司普遍具有较为集中的股权结构，第一大股东平均持股比例超过30%，控股股东有能力选举（实际上是委派）董事会中的多数董事甚至全部董事，形成大股东控制董事会模式。另外，在部分国有控股型上市公司和股权分散型上市公司中，公司经营层往往控制了董事会的运作，形成"内部人"控制董事会模式。以上两种情况在实际运作中倾向于表现为同一种形式，即关键人控制董事会模式。关键人通常为公司的实际控制人或最高级管理人员，他们通过控制董事会普遍地参与公司的经营管理和投资决策，独立董事的选聘也几乎完全掌握在关键人手中。

履职过程的四个"少"

毫无疑问，董事独立性已成为美国现代公司治理的基石，并成为各国（地区）改善公司治理的主要举措，但其现实作用即使在美国也并未得到社会的一致认可，而且相关的学术研究也存在较大的分歧。美国著名的公司法学者罗伯特·克拉克指出："独立董事并不真正独立，他们缺乏为股东利益最大化而行动的充分激励，同时董事还受到时间、信息和预算拨款的限制。"

独立董事制度在我国是否起到了应有的作用呢？

对这一问题的判断可以说是众说纷纭、莫衷一是。客观而言，自2001年独立董事制度正式在我国上市公司中建立以来，在促进上市公司规范运行、提高董事会决策的科学性、保护投资者特别是公众投资者的合法权益等方面初见成效，大多数独立董事以"底线思维"履行了自己的职责。可以说，独立董事不是"万能"的，但没有独立董事也是"万万不能的"，因为其存在增加了"内部人"的违规成本。

然而，由于社会经济环境和资本市场固有的一些

问题和缺陷，我国独立董事制度的作用还没有充分发挥出来，离社会寄予的理想目标还有很大距离。究其原因，除了独立董事缺乏足够的独立性以外，确保独立董事有效履职的制度建设还存在许多问题和障碍，具体可以总结为四个"少"，即：董事会中独立董事数量太少、独立董事获取的信息太少、独立董事履职投入时间太少，以及独立董事报酬太少。

独立董事要在董事会内部形成一股能与关键人相抗衡的力量，对关键人实现有效制衡，必备的一个条件是独立于大股东的独立董事比例占到 1/2 左右。如果董事会的绝大多数成员都不是独立董事，那么独立董事在其中的声音就会减弱，其在董事会中的监督职能也会随之降低。我国相关制度规定，上市公司独立董事占比不低于 1/3，而 A 股上市公司第一大股东平

均持股比例超过 30%，在股东大会平均参会比例不足50% 的情况下，独立董事的选聘权几乎完全掌握在大股东手中，独立董事监督关键人的职能很多时候只能流于形式。

有效的监督是建立在监督者具有必要信息的基础上的。作为"外部人"，独立董事在公司中往往处于信息劣势的地位，需要依赖作为公司内部人士的其他董事和高管的解释、意见和结论。公司关键人通常决定了董事会的议程和可以获取的信息，即使存在故意歪曲的信息披露，即有目的的误导、歪曲、掩盖和混淆，独立董事也很难及时做出准确的判断。客观来说，在信息不对称和契约不完全的情况下，如果连专业的会计师、辖区证监局的公司监管人员、交易所的信息披露审核人员在充分阅读公司账目后都不能发现欺诈，

又怎能期望独立董事仅仅读了提交给董事会会议的文件后就能察觉出欺诈行为呢？毕竟这些机构和人员既有专业知识，又有获取相关信息的渠道和权力。

独立董事的履职行为还受限于时间的约束。我国独立董事的主要来源是高校学者和中介机构人员（约占 60%），其他公司的高管占 20%，这些人的时间和精力的投入度都相对有限。据统计，上市公司中在外单位兼任 2 个及以上职务的独立董事人数占比为 55.4%，有 15.7% 的独立董事拥有 5 项及以上外部兼职。现代科技的进步和行业竞争的加剧使得公司的业务日趋专业化和复杂化，让一年只贡献几天时间的个人来对巨额资产的管理和经营进行监督和决策，只能说是一种理想化的设想。

在市场经济环境下，经济利益是"指挥棒"。与大股东及其代理人相抗衡是需要承担更多风险和责任的一件难事，如果独立董事没有得到充分的激励，他们必然会缺乏积极性。从 2020 年上市公司年报披露的数据来看，我国独立董事的平均年薪在 8 万元左右，考虑到缴纳综合性税收后的实得年薪在 5 万～6 万元，这一薪酬水平对于具有较高专业素质的专家而言已经缺乏足够的吸引力，与需要付出的时间、精力以及可能承担的声誉成本不相匹配，履职激励的力度不足。

不能承受的责任之重

对于独立董事，是否应以直接责任人员的身份承担虚假陈述的绝对法律责任，承担与其津贴所得不成比例的民事赔偿？虽然在司法机关已经这样判决的情况下提出这个问题似乎有点"马后炮"，但是如何从理论上正确地认识这一问题，关系到独立董事制度的健康发展。

在现代公司运作中，董事对公司及其股东负有信义义务（Fiduciary Duties），主要包括勤勉审慎义务（Duty of Care）、忠实义务（Duty of Loyalty），以及诚信、监督和披露等附属义务。其中，勤勉审慎义务要求董事根据合理可用的所有重要信息做出知情、审慎的决策；而忠实义务则要求董事在无利害关系和独立的基础上，本着诚信的原则做出决策，并相信该行动符合公司及其股东的最佳利益。相对于忠实义务的目的性而言，勤勉审慎义务是一种过程性义务和更为主观层面的义务。

有人可能会说，对于独立董事和其他董事的信义义务，从法律上来讲，是一体适用的，并无区分的设定。问题是，商业决策是在不确定环境下做出的风险决策，商业世界变化快，计划通常难以赶上变化。为了给外部的独立董事参与专门委员会和代表少数股东行事提供重要保障和激励，减轻其过失责任，以美国公司注册圣地——特拉华州为代表，在公司治理实践中会从多个层面豁免独立董事的相关责任。

在法律层面，特拉华最高法院在 Stone v. Ritter 案中明确表示，董事监督义务的本质乃是忠实义务，而非勤勉审慎义务。因此，除非具有确凿的事实，能够证明独立董事掌握可靠信息但故意不执行相关的风险管理制度，或者已执行此类制度但故意忽略需要警惕的问题，才会被认为是违反了监督和忠实义务。对于勤勉审慎义务的违反，法院将会根据商业判断规则（Business Judgement Rule）进行判决。该规则假定无利害关系的独立董事在知情的基础上行事，真诚地相信采取行动是为了公司的最佳利益。除非原告有确凿证据，证明独立董事在充分了解情况方面至少存在严重疏忽，或出于公司股东以外的利益行事，或出于恶意故意无视已知义务，否则独立董事几乎不会被认定违反勤勉审慎义务。在2005年迪士尼公司的集团诉讼案中，迪士尼公司外部董事的表现与世通事件和安然事件的外部董事的表现一样糟糕甚至更差，不过美国法官认为，尽管外部董事"表现不佳"，但也无须承担相关责任，因为董事们履行了公司法所规定的勤勉审慎义务。

在公司规则层面，特拉华州公司法包含的条款有助于独立董事履行其信义义务，对违反义务的索赔进行抗辩，并避免索赔的后果。首先，独立董事有权合理地依赖公司会议记录以及公司高管、员工或董事会委员会向董事会提交的信息、意见、报告或声明，以做出判断和决策。其次，特拉华州的公司可在其注册证书中包含一项董事利益的免责条款，消除董事因违反勤勉审慎义务（但不包括违反忠实义务）而对公司或其股东承担的金钱赔偿责任。此外，当董事因履职行为成为法律程序的被告方时，特拉华州公司法允许公司赔偿董事并预付相关费用。

在商业层面，特拉华州允许其公司购买董事和高管人员责任保险，以弥补因董事身份行事产生的责任而造成的损失（如和解成本、罚款和法律费用），但欺诈、不诚信或违反刑法造成的损失不在承保范围之内。近几年，董事责任险在美国上市公司的投保率高达90%以上。因此，独立董事偶尔会负有责任，但却鲜有自掏腰包的情况。

总的来说，美国的实践是从多方面豁免独立董事的责任，独立董事很少会承担自负的财产性民事责任。安然事件后出台的《萨班斯法案》建立了严惩"首恶"的制度，要求上市公司首席执行官和首席财务官保证向美国证监会提交的财务报告真实可靠，且要求上市公司首席执行官做出与财务相关的内控有效的声明。该法案并没有要求全体董事保证向美国证券交易委员会提交的财务报告真实可靠。

反观康美药业案，广州中级人民法院的判决书中写道："前述被告作为董事、监事或高级管理人员如尽勤勉义务，即使仅分管部分业务，也不可能完全不发现端倪。"这一判决对于康美药业的内部董监事和高管人员来说无疑是合适的，但却没有充分考虑独立董事和公司内部人在履职层面的差异性以及独立董事这一职业的特殊性，也没有考虑到独立董事在财务造假中并不存在主观故意性这一客观现实。进一步来说，独立董事只要根据其所掌握的资料和信息，根据自己的能力仔细进行审查，或者按照中介机构专业人员的意见做出合理的判断，即便最后的结果证明其判断有误，又如何能判定其未尽勤勉审慎义务呢？

方流芳教授在《独立董事在中国：假设和现实》一文中曾写道："独立董事是一项具有中国特色的外来制度。在'与国际惯例接轨'的驱动之下，外来制度常常被当作良药引进中国，引进之后，'良药'的剂量又不断加重，以求速效。"康美药业案中强行将独立董事和公司内部董事、监事和高级管理人员的责任拉平，对独立董事"从重判决"，用这种方式来威慑独立董事勤勉尽责，不但不会推动独立董事制度的良性运作，反而会给尚处于探索阶段的独立董事制度带来严重的负面影响。权、责、利的严重不对等，最终会导致公司治理建设的滞后。康美药业案判决出台后短短一周内，几十家上市公司独立董事选择集中辞职就是明证。毕竟在市场经济下，既要"马儿不吃草"，又要"马儿跑得快"，还要时不时"鞭打马儿"的"好事"是脱离实际的一厢情愿，在很大程度上是一种幻想。

路在何方

康美药业天价赔偿案引发了社会对独立董事制度的热议和反思。有专家表示："独立董事要对投资者负责任，担任独立董事后，对有关资料出现疑问，必须询问上市公司相关部门，直至完全清楚为止。"（刘姝威）也有专家认为："我们基本上听不到独董发什么声音，也没看到独董做什么事情，或者是在公司治理当中发挥多少作用。即使取消了，也不会影响多大。"（华生）面对这两种立场迥异的观点，我国的独立董事制度路在何方呢？

在任何一类经济中，一个有效的公司治理机制都是内生的，而且是随着一个国家法律框架、市场规模和社会经济因素的不断变化而变化的。在讨论如何完善我国的独立董事制度时，既不能脱离实际，追求过于理想化的目标，也不能囿于现实，推行"缝补式"的改革，而必须基于制度和文化，基于现实和国情，建立一种适应中国市场经济体制，同时符合国际趋势与实践的制度安排。

第一，界定现阶段独立董事的职能定位，明晰独立董事与内部监事的职能分工。

从制度起源来看，美国独立董事的产生是为了应对股权分散条件下管理层的内部人控制问题，在很大程度上被视为控制权市场的替代品。以《萨班斯法案》为例，该法案在安然事件后并未将责任归因于公司董事会独立性问题，而是对市场"看门人"（包括会计师、律师、证券分析师）提出了新的责任、新的义务和新的监管架构，将这些机构视为监管职能的延伸。

与之不同，我国的独立董事制度是为了解决大股东控制下中小股东利益保护问题而被引入的。《上市公司独立董事规则》第五条规定："独立董事对上市公司

及全体股东负有诚信与勤勉义务，尤其要关注中小股东的合法权益不受损害。"第六条第二款又强调："独立董事应当独立履行职责，不受上市公司主要股东、实际控制人或者其他与上市公司存在利害关系的单位或个人的影响。"这些规定背后隐含独立董事作为"监督者"的职能定位，在某种程度上是替监管机构来督促公司规范运行，是一种监管职能的延伸。

正如前文所述，我国独立董事的有效履职面临诸多制度矛盾和现实约束，离独立董事"监督者"的职能定位和社会期许有着较大的距离。基于现实，当前阶段应对独立董事的职能定位有所侧重，从公司法的语境出发，重点放在制约大股东利用控制权获取私人收益方面，如不公允的关联交易、对外违规担保、资金占用等侵害中小股东利益的行为。同时，淡化证券法语境下独立董事的职责，不应将审查和发现虚假陈述的重任不切实际地赋予独立董事，这一职能更多地应由中介机构和作为内部人的公司监事予以承担。

第二，改革独立董事提名机制，提升独立董事选聘的独立性。

独立性是独立董事制度的灵魂，必须从提名与任命的源头来确保独立董事的独立性。

考察不同国家的实践情况并进行归纳，有两种改善独立董事提名和任命程序的机制：其一，规定少数股东可向董事会提出一个可供选择的候选人建议名单，绝大多数董事由多数票选举产生，但至少有一名独立董事根据少数股东的提名名单选举产生。其二，采用累积投票制。累积投票制已经在欧美及亚洲的许多国家得到应用，其目的是改善少数股东的投票权，提高其选举董事的能力。我国现行规则已经要求有持

股超过 30% 的股东的上市公司，必须采用累积投票制。从实践来看，赋予达到某一门槛的少数股东直接提名独立董事的权利，并辅之以累积投票制，是现阶段增强少数股东对董事提名和选举影响力的比较有效的方式。

也有专家建议让上市公司协会、证券交易所等第三方来为上市公司选聘独立董事。姑且不论这种方式的现实可操作性和发生的制度成本，单就效率和效果而言，第三方真的有积极性和能力来评定独立董事的任职资格吗？让其扮演认证机构的角色，大概勉为其难。事实上，在现行制度下，交易所已经扮演独立董事资格审查人的角色了，但效果又如何呢？

除了改革独立董事提名机制外，还应逐步完善董事会的结构与组成。在我国上市公司中，目前独立董事在董事会中占比平均为 38%，已有 233 家公司独董占比超过一半。可以考虑在董事长是公司总经理或是实控人的情况下，要求独立董事在董事会中的占比不少于 1/2。让独立董事占据董事会的大多数席位，不仅能提升董事会的独立性，也能确保独立董事更好地发挥作用，分担董事会下设委员会的繁杂工作。

第三，谨慎对待独立董事的法律责任，完善董事责任险制度。

风险与利益匹配是市场经济的基本法则。独立董事较高的履职风险、无形的声誉损失风险与其不高的收益、欠缺的保障机制严重不匹配，这决定了法律对于独立董事的责任应该谨慎对待。

独立董事表面上代表中小股东，实质上是作为监督者，代表社会公益在公司中履职。必须认识到独立董事与公司内部董事、监事和高级管理人员在职责类型、主观意愿、参与日常经营程度方面的本质区别，独立董事不应以直接责任人员的身份承担虚假陈述的法律责任，承担与其津贴所得不成比例的民事赔偿。因此，需要进一步研究违反独立董事忠实义务、勤勉审慎义务的法律责任认定，在对公司进行违规处罚时，可引入商业判断规则，依据其做出决策时是否存在严重疏忽、是否出于公司股东以外的利益行事、是否主观故意无视已知义务等情况，来完善独立董事免责条款，降低其履职风险。此外，可探索建立独立董事有限责任制度，参照日本公司法的经验，将独立董事履职不当的民事赔偿额限定在其任职公司支付的薪酬总额的若干倍数之内。

康美药业案中的天价赔偿也使董事责任险成为热门建议。董事责任险在境外市场已被视作一项行之有效的董事保护机制，在分散责任风险的同时激励公司高管勤勉尽责、创新经营，但在我国仍存在一些制度性障碍。比如，大多数的民事赔偿都以证监会行政处罚为前提，这将触发董事责任险的除外条款，影响独立董事投保董事责任险的必要性。故此，自 2002 年董事责任险引入证券市场以来，累计只有 500 多家上市公司购买过董事责任险，平均每年投保比例仅为 2%。未来需要针对我国证券监管和司法实践的具体情况，调整和完善董事责任险的承保范围、赔付条件和除外条款，降低独立董事履职风险。

第四，适当增加独立董事报酬水平，保持"低风险—低收益"的职业特性。

许多经济学家相信，独立董事这种制度包含内在的矛盾和冲突：独立董事越独立，他就越缺乏激励和动力去履职；他越有激励和动力去履职，他就越不独立。因此，报酬水平的多少将会产生不同的激励作用，也会影响独立董事的独立性。设想一下，报酬过低无疑将影响独立董事的素质、专业能力和履职投入，但报酬过高也可能导致独立董事对公司关键人的依附性增强，影响其履职时的独立性。"重赏之下必有勇夫"的规律也许并不适用于独立董事制度。在中长期，如果独立董事的相关法律责任能够实质性豁免，类似美国这种"中低报酬—中低风险"的机制对于我国市场而言也是较为合适的。目前阶段，根据我国独立董事的报酬现状和承担的责任强度，可适当增加独立董事报酬水平，吸引更多专业素质高、责任感强的独立董事，改变目前部分独立董事"低薪低投入、低薪低尽责"的现状。

众所周知，现代公司治理的核心架构包括以董事会为核心的内部机制、以控制权市场为核心的外部机制，以及以监管和司法为核心的惩戒机制。独立董事制度良性运行的关键在于监管和司法体系能有效地遏制大股东滥用公司控制权的"掏空"和掠夺行为，保证这些控制者真正服务于全体股东的最佳利益。倘若如此，独立董事制度的完善才会具备足够的制度土壤、法制土壤和公司治理文化土壤。**F**

寻找经济最佳平衡点

——香帅对话魏尚进

所有好的政策决策都是要把直接的、间接的、短期的、中长期的影响综合考虑进去，在各种制约情况下找到最佳平衡点。

对话者

香 帅

著名经济学者
香帅数字经济工作室创始人

受访者

魏尚进

复旦大学泛海国际金融学院学术访问教授
哥伦比亚大学终身讲席教授
亚洲开发银行前首席经济学家

平台经济反垄断层层加码，互联网或将告别野蛮生长；教培行业迎来史上最严整顿，教育焦虑能否纾解；新冠肺炎疫情背景下，中美关系依然扑朔迷离；在多重变量之下，资本市场震荡不断，中国乃至世界经济走向何方……

复旦大学泛海国际金融学院学术访问教授、哥伦比亚大学终身讲席教授魏尚进与著名经济学者香帅的对话，对上述问题进行了解读，并进一步触达中国经济发展的深层逻辑。魏尚进认为大部分社会问题的解决方案都涉及取舍，需要同时考虑直接效益和间接效益，在动态变化中寻找兼顾公平和效率的最佳平衡点，这也是他在本次对话中一以贯之的观察视角。

平台告别野蛮生长，监管需要纠偏机制

香帅： 近期，有关中国资本市场的动态备受关注。自 2021 年 7 月 2 日滴滴出行 APP 下架以来，中国资本市场即进入一种如履薄冰的状态。继滴滴出行之后，货买买等一系列 APP 也被下架，小红书、Keep、喜马拉雅等多家公司宣布取消赴美 IPO。针对平台经济的监管可谓层层加码。

我曾经在自己的一本书中提到，数字化就如同城市化，互联网平台建设就像美国当年的西部拓荒。中国的城市化水平在 2012 年就已经达到了 50% 以上，随后城市化进程开始逐步放缓，基础设施建设方面也开始强调要避免重复、低效建设。同时在过去的二十年中，中国线上基础设施建设也如火如荼，互联网巨头们可以说就是线上基础设施的建设者。其实在 2019—2020 年，中国的线上城市化率已经达到了一个相当高的水平。2020 年社区团购上演"百团大战"，互联网巨头也纷纷下场"卖菜"。这和线下的城市化建设中呈现的重复建设和低效建设有什么区别呢？

因此，从这个意义上讲，我认为平台建设可能将要进入一个发展相对缓慢的时期了。在此之前，早期拓荒过程中很多规则尚未完全建立。当平台成为线上基础设施以后，线上世界和线下世界融合越来越多，那么线上世界必然和真实世界的治理发生重合。也就是说，线上治理和线下治理在功能上会有一些重合，甚至发生冲突。那么，当这两种治理发生冲突的时候，是否存在一个既能保证效率又能维持公正的最优解？

魏尚进： 我换一个角度回答您的问题。当前国内对于互联网企业的监管政策频出，首先受到影响的是很多在境外上市的公司，当然境内 A 股上市企业也受到很多影响，针对这一现象可以从两个角度来理解。

首先，无论是针对平台经济的反垄断政策的出台，还是监管部门对数据安全等问题的重视，都可以理解为中国政府开始对市场经济中一些经济主体有损整体效率的行为进行纠错。同时，这也是全球监管政策变化浪潮中的一个组成部分，比如近年美国和欧洲都针对科技巨头出台了一系列新的监管措施。

其次，我们也要看到中国的监管体系仍有进一步改革的空间。尤其值得注意的是，当各国政府出台类似政策时，中国股市的震荡幅度之所以远甚于其他国家，原因在于我国没有一个既要对垄断等影响整体效率的行为进行纠错，也要能够对监管措施可能出现的偏差进行纠错的完整的治理体系。成熟的市场经济需要两种纠错机制同时存在。比如，前几年智能手机芯片巨头高通在美国被判违反《反垄断法》，高通对此表示不服并提起上诉，最终在2021年3月美国政府表示放弃对高通反垄断诉讼。这一案例的具体进程暂且不说，但它让我们看到对市场主体的纠错机制和对监管部门的纠错机制要兼而有之，两种纠错机制整合在一起才有助于实现市场经济的良性发展。目前国内监管体系还缺少一个纠错机制，建立健全这样一个机制是接下来改革的一个重要方向。比如，政府出台监管措施后，企业不认同政府的相关判断，可以诉诸独立的第三方判定相关措施是否执行过度，从而及时纠偏，这样整个市场经济就能实现更加良好的发展，也可以避免出现股票全面下跌的"团灭"现象。

香帅： 在目前的情况下，您认为如何才能实现这样的纠错机制？

魏尚进： 我们首先要认识到这是一件非常具有挑战性的事情。比如，中国在知识产权的保护方面已有诸多探索——中国已经拥有专门的知识产权保护法庭和具备专业知识、训练有素的法官，法学院也开设这一领域的专业课程。这些都是我们可以在其他领域借鉴的经验。原则上而言，中国设立了很多特区试点创新改革的机制，在经济上实行双轨制，很多改革方面的创新在世界上也独具特色。因此，虽然有挑战，但这应该是我们可以努力实现的方向。

香帅： 您的观点给我提供了一个很好的思路，因为我最近一直被一个悖论所困扰。我观察到，中国此前对互联网金融的监管一直持非常宽容的态度，所以中国移动支付能够迅速崛起，实现弯道超车。然而，随着互联网金融领域的公司接连爆雷，监管部门才开始对相关细分领域加强监管。在创新领域好像一直在采取这种"先放再收"的监管节奏，所以政策和市场经常呈现一种脉冲式的反应。如果对平台经济的监管可以借鉴中国以往的很多改革经验，您是否会比较认同这种小步迭代、逐步试错的渐进式改革？

魏尚进： 是的。与此同时，我们也要把经济中的短板和监管中的短板想办法补起来，这是中国改革开放四十多年来之所以能成功的一些重要经验。也就是说，我们不光要渐进地前进，还要通过双轨制找出短板、补齐短板，从中摸索经验。监管制度的完善也可以借鉴这一路径。

舒展教育"内卷"事关经济转型

香帅： 近期影响资本市场的另一重磅消息来自教培行业。2021年7月23日，国家"双减"政策出台，引发资本市场巨大震荡，教培行业也随之迎来至暗时刻。关于教育公平的问题，您在《寻找经济最优解》这本书中有一段话让我感触特别深。您提到，过去四十年数字化和金融化的不断深化为全球经济带来高速增长的同时也导致了分配的不均。这是在全球范围内普遍存在的一个现实，在此过程中分配变得越来越重要，我想这也是此次对教培行业进行强监管的一个内在逻辑。

部分家长面对"双减"政策的影响非常焦虑，担心教培行业被打击下去之后，只能帮孩子请家教。家教的价格较之培训班的费用肯定更贵，可能只有少数家庭能够负担，这反而可能导致教培资源的供给越来越少，最后形成短缺经济。

魏尚进：我同意您的观点。关于教培行业的监管，不仅是国内家庭关心的话题，也是国内和国际投资者密切关注的话题。我从两点对此进行补充：第一是监管部门对教培行业进行制约的逻辑，第二是教培行业改革所需的配套政策。

关于第一点，有个词——"内卷"，实际上反映了家长对花费时间、精力、金钱送孩子去参加培训这件事感到无奈。如您所说，如果别的孩子都参加培训的话，作为家长我很难单独决定让孩子不参加培训，因为如果不参加培训很可能导致的结果是，我的孩子以后在各种各样的考试中、各种各样的职业选择上落在他人之后。然而，假如所有家长能够协商一致，都不让孩子参加课外培训，当所有的孩子和潜在培训者都这么做的时候，我也可以安心让孩子不去参加培训。因此，此次对教培行业的监管可能就是起到这样一种协调作用。这一协调作用可以提高社会的整体效率，使得不仅个别家庭不参加培训，其他竞争者也大概率不会参加培训。这可能是此次政策出台的一个逻辑所在。

第二点，我认为仅仅限制教培行业发展还不够，我们还需要一些配套政策。就像您刚刚提到的，一些家庭可能不会受到这种政策的限制，结果可能反而导致差距越来越大，所以目前的政策并不足以解决教育公平的问题。我们还是要找到造成所谓"内卷"的本质原因。重要的原因之一可能就是目前就业市场竞争激烈，但对于人才的判断维度单一，尤其高考在职业发展中具有重要作用，所占权重非常高。家长为了让孩子获得一个好的高考成绩，报名课外培训成为一个相对容易的路径。

因此，我们要实现人才培养的多元化，首先是学生可选择的学校要实现多元化，其次对学生的考核标准要更加多元化，学校不是唯分数论，学生也不是只有高考这一条出路，如果学生能够成功的路径越来越多，他们参加课外培训的必要性也会大大降低。如果这些改革能够成功，不仅可以避免让学生为提高一点分数而在课外重复学习学科内容，而且与未来中国经济整体发展方向密切相关。

中国经济经过多年高速发展，中国已经成为全球第二大经济体。接下来不太可能继续凭借低劳动力成本获取竞争优势，取而代之的是创新，即需要靠提高生产效率跻身世界强国之列。从这个角度来看，学生们只学知识是不够的，我们需要更多能够创造知识的人加入经济发展的行列，而创新意识需要从小培养，大多数教培机构并不能培养出这样的创新型人才。因此，从国家增长模式转换的角度来看，我们也需要改变孩子们"学什么、怎么学"这件事情。

香帅：我提一点不同的看法。当我们提到评价体系多元化的时候，也就是指德智体美劳全面发

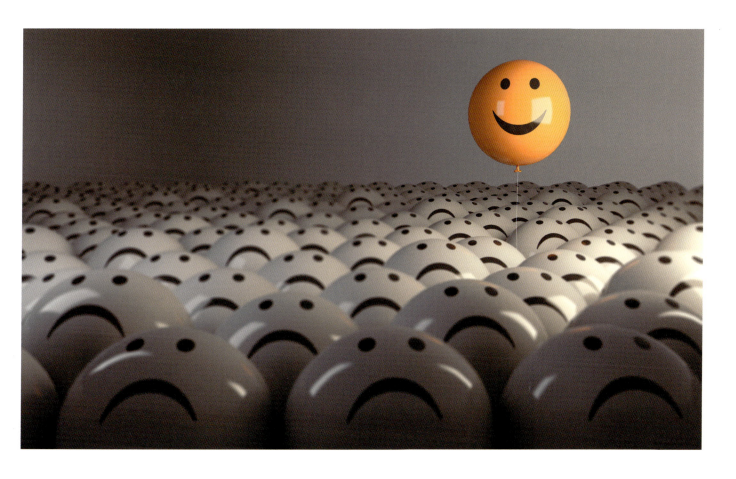

展，但这实际上是给家庭提出了更高的要求，尤其给中下层的家庭带来了更多负担。这也使我意识到，美好的目标设定并不一定总能带来一个最优的结果。当我们制定一个政策时，其政策出发点和最终产生的结果可能相去甚远。

魏尚进： 您的这一观点和我在《寻找经济最优解》这本书中其中一个观点不谋而合，即良好的出发点并不总能到达原定的目的地，不过我和您的表达稍有不同。我所认为的多元化发展包含两个维度：其一是学校筛选学生的标准需要多元化，比如有些人体育很好，就像来自奥地利的数学博士安娜·基森霍夫（Anna Kiesenhofer）完全出于兴趣、在没有团队支持的情况下在东京奥运会女子自行车公路比赛中摘得桂冠，如果她申请北京大学，即便她数学不是最好的，学校也可以破格录取。

其二是国家教育资源在各学校之间的配置需要更均等。欧洲的教育资源配置就和中国非常不同，首先欧洲各国大部分人只要有意愿基本都有念大学的机会；其次，当地排名第一和排名第一百的学校在资源配置上并无大的区别。如果在中国一个来自湖南的学生，进入清华大学、北京大学、复旦大学、上海交通大学等学校和进入湖南大学的难度没有太大差别，那么他也就不需要削尖脑袋去获得一个更高的分数。因此，国内教育资源高度倾斜化的现状也导致了家长和孩子不得不为一点分数而削尖脑袋参加各种培训的局面。

提高女性地位，改善人口结构

香帅：您一直关注性别失衡对经济发展的多维度影响，很多观点令人耳目一新。十年前我就曾拜读过您和张晓波老师合作的文章——《竞争性储蓄动机：来自中国持续增长的性别比例与储蓄率的经验证据》，在这篇文章中你们提到中国人口的性别失衡是导致中国高储蓄和高房价的重要因素之一。如今再看这些观点，我意识到性别失衡问题在整个经济体系中的作用一直被严重忽略。您在文中提到，2007 年时中国男女婴出生时的性别比大约为 120：100，从自然科学角度而言这一比例一般应为 106：100；适婚阶段的中国男女比例大约为 115：100，每 1.15 个男性对应 1 个女性，也就是说从数学概率上来看大约有 11% 的男性找不到配偶。

魏尚进：这是由重男轻女思想、计划生育政策以及平价的胎儿性别鉴别技术手段和堕胎手术等因素综合造成的结果，父母可以选择性堕胎，导致每年有很多本应出生的女婴没有出生，诺贝尔经济学奖得主阿马蒂亚·森（Amartya Sen）将这种现象命名为"消失的女性"。严重的性别失衡导致的结果是很多有男孩的家庭在婚配市场中面对非常激烈的竞争，需要通过某种手段或物质来显示自己的相对竞争地位，提高储蓄就是其中的对策之一。储蓄的形式不仅包括银行存款，还包括所有资产的累计，其中最重要的资产累计形式就是房产。

传统理论中，储蓄的动机主要基于生命周期理论或者出于预防性储蓄动机，我和张晓波提出了第三种储蓄动机，即竞争性储蓄动机。这部分储蓄的直接目标就是提高相对财富水平，最终目标是提高有男孩的家庭在婚恋市场上的相对竞争力。面对性别比例不断失调，有男孩的家庭进行竞争性储蓄的动机大大增加，他们需要通过提高储蓄率应对婚恋市场不断加大的压力。据统计，中国的储蓄率从 1990 年到 2007 年几乎翻了一番，其中一半左右的增长是由竞争性储蓄动机贡献。用今天的话来说，这是一个非常"内卷"的行为，它在个体层面上是一个理性的竞争工具，但对提高社会整体效率是非理性的，具有负面影响。

竞争性储蓄的概念提出以后，我和合作者进行了一系列研究，其中一个重要研究就是性别失衡对房价的影响。我们的研究表明，性别失衡确实是推高房价的重要因素之一。在经典的房地产经济学中，房子有两个属性——耐用消费品和投资标的，但从竞争性储蓄视角来看，房子还有第三个属性，即婚配市场上的竞争工具。房子作为一种资产形式比其他财富更容易被观察到，也更容易被衡量。婚配身份竞争通过竞争性储蓄动机促使人们追求更大、更贵的房子。性别失衡越严重的地区，其房价上升速度就越快，与此同时房价和房租脱节的现象也越严重。

香帅：也就是房价不断上涨，但是房租涨不上去。

魏尚进：是的。关于这一现象，很难用城市化、刚性需求等通常分析房价的理论进行全面的解释。因为同样的因素应该同时推高房价和房租，但中国的房价租金比则在不断上升，房价和房租的脱节非常严重。

我们需要一个能够同时解释上述两种现象的理论，无论是城市化还是刚性需求都很难解释目前的情况。然而性别失衡导致的"内卷"动机加强可以同时解释为什么房价相对于家庭收入的距离越来越远，以及为什么房价相对于房租的距离越来越远。

房子是当前中国家庭财富的主要组成部分，通过房产可以大致估算出一个家庭的财富情况。例如，如果从刚性需求的角度出发，男方可以承诺其收入足够为未来家庭租一套四室一厅的大房子，那么在这种情况下租房和买房是等价的。然而从婚配

竞争的角度来看，"我拥有房子"和"我能租房子"这两句话是完全不对等的。在婚配市场竞争激烈的情况下，男方不仅需要能住上好的房子，还需要拥有这套房子，因为房子是财富的象征。而在不存在性别失衡情况的德国，无论其房价收入比还是房价房租比都比中国低很多。从这个角度来看，性别失衡造成的竞争性储蓄动机是对刚性需求解释的一个有效补充，因为它同时解释了中国房地产市场中房价和收入的脱离，以及房价和房租的脱离。

香帅： 您刚刚也提到了城市化。中国目前在逐步走向大城市化，人口持续不断地向大中型城市

聚拢，所以不难理解为什么这些城市的房价不断攀升。然而同时我们也看到，过去这些年很多三、四线城市的房子也在上涨，包括很多未来没有太大发展潜力的城市，如何解释这一现象？

魏尚进：每个地区的房价上涨并非随机的，越是性别失衡严重的地区，房价上涨就越快，房价和房租脱节的速度也越快，所以我们提出的这一理论是这两种现象背后的一个基本面，不过尚未在现有的房地产经济学中反映出来。

香帅：这种竞争性储蓄动机是否也与中国的增长奇迹有关？

魏尚进：由性别失衡导致的行为改变是多方面的，其中也包括创业行为。因为创业属于一个高风险但高收益的行为，当竞争需求比较大的时候，很多人就被推到了创业的路上。我们通过研究发现，性别失衡越严重的地方，新增企业家占人口的比例就越高。因为一旦性别失衡严重，有男孩的家庭创造财富的动力就会格外强大，他们为了追求较高的收益，更愿意从事一些冒险的行为。这种企业家精神对推动经济增长有很大的作用。即使不创业，很多人在工作中的努力程度也不一样，这也和所在地区的性别失衡程度有关。比如，进城务工的农民工在节假日尤其是春节多半会返乡。我们研究发现，性别失衡严重地区的农民工在春节期间回家时间较短，在外打工时间较长。另外，从职业选择上我们也可以看到，性别失衡严重的地区，有男孩的家庭更愿意忍受危险的工作环境以获取更高的报酬，从而导致这些

地区因为意外伤害和因工死亡的发生率更高。

香帅：其实从 2005 年开始，我国的计划生育政策已经开始有所松动。今年，国家更是全面放开了"三孩"生育政策。然而要扭转男多女少的性别失衡局面可能还需要很长一段时间，您认为我们还需要哪些干预政策？

魏尚进：随着近年来计划生育政策逐渐松动，以及越来越多家庭认识到生男孩的经济负担远大于生女孩的经济负担，重男轻女的思想在很多家庭得到一定修正，近年来新生儿的性别失衡程度已经有所下降，但仍未达到正常水平。另外，适婚年龄段的性别失衡程度仍在上升，要再过几年才会出现下降的趋势。性别失衡的自我纠正正在发生，但是速度很慢，政府还需要进一步干预。

我认为当前中国在人口问题上有两个结构性问题需要解决：一个是性别失衡问题，另一个就是老龄化问题。政策最好能把这两个因素同时考虑进去。目前全面开放"三孩"政策还不够，我建议首先取消对每个家庭生育孩子数量的限制，这可以提高总体的婴儿数量。其次，要对生女孩的家庭给予奖励，通过提高女婴家庭的回报率增强家庭生女孩的意愿，这样可以快速纠正性别失衡问题。最后，要提高女性在社会中的地位，这是非常重要的一环。研究表明，性别歧视背后的根本原因在于整个社会对女性权利的保障远不如男性，所以增加女性的社会经济地位将对纠正性别失衡起到重要作用。

比如，来自美国西北大学的钱楠筠教授在其博士论文中就曾试图验证经济条件是否影响父母对女孩（相对于男孩）的需求。她观察到，在中国一

些地区男性种植果树有比较优势，而女性种植茶叶有比较优势。研究发现，与不适合种茶叶的地区相比，那些适合种茶叶的地区，女性的市场回报率相对更高，其性别失衡的程度下降更快。研究结果显示，家庭收入每提高 10% 且该收入由女性贡献时，将会使女孩存活率提高 1.3%。这意味着，如果男性收入不变，通过提高女性工资而使家庭收入提高 20%，中国在 20 世纪 80 年代早期的性别比能降到西欧国家水平。因此，提高女性社会地位，对纠正性别失衡具有重要作用。从政策干预的角度来看，政府需要从多方面提高和保障女性的权利，提高其社会和经济地位。

中等收入陷阱是伪命题

香帅： 虽然"中等收入陷阱"现在被广泛接受和使用，但是您认为这一说法并不为数据所支持。您提出这一观点的逻辑是什么？对此我们又需要警惕什么？

魏尚进： 对此我讲三点。第一，我们先回顾一下什么是"中等收入陷阱"。这一概念起初是由世界银行的经济学家提出来的，是指低收入国家通过努力可以变成中等收入国家，但一旦进入中等收入国家行列，再想进入高收入国家的行列可能就很困难了。数据似乎也显示，只有少数国家达到了发达国家水平，大部分国家都未能跨过"中等收入陷阱"。

第二，我认为"中等收入陷阱"这一说法是值得商榷的。假设从中等收入向高等收入跨越的门槛用一个收入水平来定义，比如人均 GDP 达到 1 万美元或者 2 万美元，从统计数据上来看，没有任何一个国家一旦跨越这个门槛后增长率就变为零或者增长率低于发达国家水平的，数据并不支持这一假说。因此，当我们用具体收入定义中等收入向高等收入跨越的门槛时，大部分国家都是可以跨越的，不容易跨越的是相对收入水平。一些国家之前是高收入的国家，比如一百年前阿根廷的人均收入远高于美国，但现在反而落后了且差距越来越大。反过来，很多低收入国家其实一直处于持续贫困状态，研究数据显示，中等收入国家进入高等收入国家的概率甚至比低收入国家进入中等收入国家的概率更高。

第三，值得注意的一点是，现如今的数字经济其实可以为很多中等收入国家跨越门槛进入高等收入国家提供一个新的机遇。因为数字经济的基础设施有别于传统经济，无论是发达国家还是发展中国家，基本处于同一起点。在传统经济中，发达国家已经有一定的资本存量优势，由于人均资本存量存在差距，发展中国家仍然需要赶超发达国家。然而数字经济所需的资本存量在发达国家和发展中国家中相差无几，因此综合两方面因素，中等收入国家赶超高收入国家的几率更高了。比如中国在数字经济时代已经处于世界领先地位，很多方面甚至领先于美国。与此同时，很多贫困国家甚至还没有普及互联网，这反而可能导致低收入国家和中等收入国家的差距进一步拉大。因此，目前的现实情况可能和所谓"中等收入陷阱"的假说正好相反。

香帅： 我最近和团队在写的一本书中也提到，数据其实已经成为一种生产要素。《21 世纪资本论》提到当前贫富差距越来越大的原因主要在于资本收益率远大于劳动收益率。如果数据作为一种生产要素存在的话，很多领域只要完成线上化，无论是中等收入国家还是高收入国家，其资本累积都处在同样一水平线上。

魏尚进：对，而且在某些方面，中国还走在很多发达国家的前面。

香帅：只要在这一要素上资本积累的速度相对比较快，就有弯道超车的机会。

只顾直接效益有碍长期发展

香帅：在提到很多现象时，您一直强调要同时考虑直接效应和间接效应，抓住本质原因，而非"头痛医头、脚痛医脚"。比如，您在书中提到中美贸易摩擦时指出，美国民众会很容易认为中国制造业崛起会导致美国很多从事制造业的工人失业。然而实际上，中国廉价商品的供应不仅降低了美国消费品的价格，还降低了美国企业的价格，从而支持了就业岗位的创造，由此创造的间接效益远大于他们直接看到的成本。因此，综合考虑直接效益和间接效益之后，整个全球化进程中，尤其在中美贸易过程中，中国绝非唯一的受益方，美国也同样受益。

魏尚进：是的，这种供应链效应创造的就业岗位比来自中国的直接竞争消失的就业岗位要多。这种情况对中美两国都至关重要，而且对美国更加重要。然而美国媒体在宣传时不太强调这种间接效应，并非媒体有意为之，而是一般在沟通和宣传中总是存在一定的自然偏差。比如，美国钢铁企业老板在解雇员工时通常会将责任归咎于来自中国的进口钢铁太多，导致工人失业；当美国企业因使用中国廉价的钢铁零部件而得到快速发展时，他们通常将此归功于企业家自身的成功。这种公共讨论的不

对称性会加深美国民众的刻板印象，即中美贸易只会恶化美国的失业率。从这个角度来看，只考虑直接效益对政策会有误导性。一个成功的经济体一定要同时考虑直接效益和间接效益，从中做出权衡。

在过去的二三十年里面，中国和美国其实都是经济全球化重要的受益者，中国认识到了这一点，但在美国并非所有人都认识到了这一点，所以会出现政策决策偏差。中国仍然需要持续地改革开放，这对中国接下来的发展仍然至关重要。

香帅：因此在目前的情况下，同时考虑直接效益和间接效益的思路对中国经济的政策制定者应该也将大有裨益？

魏尚进：其实所有的政策决策都是在各种制约情况下找到最优解，对中国的政策制定者而言也不例外。比如，当经济出现下滑的时候，政府需要出台刺激政策，刺激的同时需要提高市场需求、增加就业空间，同时还要防范债务过高，以避免债务危机的出现。因此，我们不能只顾眼前的需要，要把近期的需要和中长期的需要结合起来。所有好的政策，都是要把直接的、间接的、短期的、中长期的影响综合考虑进去。

香帅： 您提到中国需要坚持改革开放。其中中国经济要发展，也离不开金融开放。然而您好像一直强调金融开放也要一分为二地看待，即当国家实力还不够强，尚存很多约束情况下，我们进行金融开放获得收益的同时，也需要付出一定成本，其中的成本和收益就需要我们进行权衡，在动态变化中找到一个平衡点。

魏尚进： 金融开放需要做好配套改革。很多人认为金融开放越快越好，这一讲法不太准确。假如对市场资源配置唯一的扭曲来自金融不开放，那么我们进行金融开放是绝对有好处的。然而现实经济中，除了金融不开放造成的扭曲之外，还有各种各样的扭曲。当其他扭曲没有得到很好解决的时候，

我们进行金融开放反而可能导致其他扭曲被进一步放大，从而造成金融开放的结果适得其反，社会整体的效率不升反降。这并不是说我们不需要金融开放，而是说我们的政策关注点需要从是否要进行金融开放，逐步过渡到金融开放需要哪些配套措施这一问题上。

香帅： 用一句话总结就是，金融开放不是"因"，金融开放应该是"果"。这次我们谈到很多问题，虽然话题涉及广泛，但是您的思路始终一脉相承，即怎么在约束条件下，在动态变化中，找到最佳平衡点，这也是对我非常有启发的一点，破除了很多人一直以来"非此即彼"的直线思维。 🅵

元宇宙时代，NFT引领数字文艺复兴

以区块链技术为底层的 NFT 不仅可以承载代表艺术品所有权契约的通证，还可以创造艺术品本身。

张纯信
复旦大学泛海国际金融学院学术副院长
金融科技研究中心主任、金融学教授

齐超颖
复旦大学泛海国际金融学院
金融科技研究中心高级助理研究员

艺术品市场经过 2020 年新冠肺炎疫情导致的低迷之后，于 2021 年上半年恢复了活力。然而，原有的市场秩序已被动摇，投资者和艺术家们正面对一个急速变化的市场，其中包括"来势汹汹"的非同质化代币（Non-Fungible Token，NFT）以及随之产生的"天价"超新星艺术家们。

NFT 艺术市场崛起

NFT 是 2021 年最热门的数字资产，为投资者们带来了新的资产组合模式，补充了债券和股市的投资类别短板。NFT 作为艺术市场新势力的核心，让众多投资者和收藏家看到了新的机会。2021 年上半年，NFT 交易量已经占据艺术品在线销售的 30% 以上，占整体市场的 2%。其中，加密艺术家 Beeple 的数字画作 *Everydays: The First 5000 Days* [1]（见图 1）于 2021 年 3 月在佳士得拍出了

Beeple (b. 1981)
EVER YDAYS: THE FIRST 5000 DAYS

Price Realised   Estimate unknown
USD 69,346,250

Closed: **11 Mar 2021**

♡ Save   ⬆ Share

图1 Beeple 作品 *Everydays : The First 5000 Days*

[1] 资料来源: https://onlineonly.christies.com/s/beeple-first-5000-days/beeple-b-1981-1/112924.

6934.6 万美元①（约合人民币 4.5 亿元）的天价，占据市场总成交额的 1%。该成交价轰动全球，使 NFT 火速出圈，走入公众视野，成为区块链社区、艺术圈以及另类投资领域的热点话题，至今热度未减。

随后，世界著名艺术家 Vladimir Kush 在数字空间发布了他的第一个动画 NFT，致敬达·芬奇著名作品《最后的晚餐》。女性超级明星艺术家 Yam 创建了"World of Women"项目，该项目是第一批真正面向女性的 NFT 艺术品之一，旨在通过艺术和促进多样性来赋予女性权力。该项目中 2925 号《女性》的销售创下了 20ETH（约 51698 美元）的纪录。

除了著名艺术家的参与，NFT 领域也见证了众多新兴或草根艺术家的成长。来自美国拉斯维加斯的 18 岁加密艺术家 FEWOCiOUS，仅用一年时间就使其 NFT 作品的价格从 90 美元飙升至 55

万美元，成为佳士得有史以来作品上拍的最年轻的艺术家。英国艺术家 Damien Hirs 目前正在发售他的首个 NFT 项目——The Currency。这一项目由 10000 个 NFT 作品组成，每一个都对应 10000 件独特实体艺术作品中的一个。

在中国，腾讯 NFT 交易软件"幻核"联合 GGAC 合作艺术家周方圆，于 2021 年 8 月发售"万华镜"数字民族图鉴 NFT，可出售的 3024 枚 NFT 商品开售即售罄。②据悉，"幻核"将启动"NFT 艺术家计划"，未来将出售更多 NFT 数字艺术商品。同时，越来越多的大企业开始试水 NFT 艺术。比如，宝马巴西宣布将与摄影师兼品牌大使 Gabriel Wickbold 合作发布"Sexual Colors"系列 NFT，支付宝推出了支付皮肤 NFT，网易推出王三三周边文创 NFT，Visa、百威啤酒也相继入场。尤其是 Visa 的加入，一键启动了人们对于 CryptoPunks 像素风的抢购风潮（见图 2）。

图 2　CryptoPunk 是以太坊区块链上第一批 NFT 项目之一

---

① 该成交价是在世艺术家作品拍卖第三高价。2015 年莫奈的一幅《睡莲》的成交价为 5400 万美元。
② 共发行 56 种 3136 枚 NFT 商品，56 个种类象征 56 个民族，3136 枚 NFT 商品中有 112 枚随机图鉴用于活动和赠送给用户使用，其余限量出售。

继 2021 年第一季度后，NFT 市场在 8 月出现了第二波井喷式增长。最大的 NFT 交易平台 OpenSea 在 2021 年 7 月的交易额为 3.15 亿美元，在 8 月则飙升至 30 亿美元。Dune Analytics 数据显示，截至 8 月 14 日，OpenSea 进入 8 月以来的新增用户数已超过 4.7 万（47558），相当于过去 6～8 月新增用户数之和（57974）的 82%。其中，最新热潮集中于 CryptoPunks 和 Bored Ape Yacht Club 这类像素类头像 NFT，交易总量已达数百亿美元。8 月 5 日，CryptoPunks 的最低价首次超过了 10 万美元，几天后又突破了 15 万美元。

CryptoPunks 之所以能够迅速出圈，原因首先在于相较于其他 NFT 项目，CryptoPunks 在 NFT 市场牛熊快速转换中的整体价格波动影响最小且护盘人最多。该项目的设计感也是加分因素。以 Twitter 账号头像为例，当以"#NFT"为关键字搜索时，基本上每 10 个账号中就有至少 1 个以 CryptoPunks 中的形象作为头像，凸显了 CryptoPunks NFT 的社交货币属性。另外，尽管 CryptoPunks 像素风在艺术上并非原创，但是该系列加入了时代科技元素，且每一个头像都求同存异，具有独一无二性，满足了大众对于"高辨识度"的需求。有投资者预测 CryptoPunks 具有发展成上万名带有独立个性 IP 的潜力，甚至更进一步发展为 CryptoPunks 元宇宙，衍生出各种周边。

技术带来可信交易

NFT 为创作者和投资者们赚到了真金白银，生成性或衍生性的艺术品已然成为 NFT 的主要"赛道"之一，凸显了艺术与区块链之间强大的连接。区块链不仅可以承载代表艺术品所有权契约的通证，还可以创造艺术品本身。

以区块链技术为底层的 NFT 艺术，允许通过实施真实性和所有权证书（在 NFT 发行、出售或转售时创建的智能合约）以可靠的方式跟踪艺术品的历史记录，每一项作品的所有授权、市场价格和比价都一目了然，保证了作品的真实性，提高了交易的透明度和可追溯性，帮助投资人和艺术家有效验证艺术品的所有权、交易记录和法律权责。

同时，以区块链技术为底层的 NFT 艺术品突出了数字世界中的"稀有"概念，每一件艺术品授权都是独一无二、不可替代的。从本质上讲，NFT 是一个用数字表示资产所有权的完整体系。区块链带来的认证权和传播性高效推进了数字艺术的交流与网络效应，赋予了艺术品数字身份，在信息安全和作品及其所有权真实度高的环境下，让更多市场参与者收获到"拥有"的快乐和投资的回报。

NFT 也将激励更多的艺术家参与创作，直接在全球艺术市场上销售作品，使更多的人有希望成为艺术创作者，同时 NFT 高度保护创作人的权益。区块链技术为艺术家提供了新的媒介和创作环境，能够与观众直接交流。比如，Art Blocks 作为生成随机艺术品的平台，为现代多媒体艺术提供了一种全新的格式，仅在 2021 年 8 月，Art Blocks 的交易量就达到了 5.83 亿美元。同时，随着 NFT 数字艺术与佳士得、苏富比、富艺斯等老牌艺术机构深度绑定，大批数字艺术家在艺术市场中诞生。

知名品牌如 LVMH 均推出 NFT 数字设计和产品，丰富了消费种类，提供了不可仿的数字产品，在高定制化、个性化的数字世界创造了新市场与商机。综观这些主要的 NFT 交易平台，自 2020 年下半年起，活跃的艺术家人数开始大幅增长，但国内的一些交易平台目前只对某些特定的人员开放创作权限。

随着 NFT 艺术的火热，NFT 从业者正在推出有效的 IP 管理技术。一系列文化产品如故事、歌曲、演出版权的多方使用授权交易也将使用 NFT 技术，使个人 IP 能在数据安全、授权透明、高度加密的环境下同时实现 IP 保护和广泛传播的效果。此外，资产分割技术能让多个投资人同时以不同份额拥有同一作品的部分收益权。这能让高价格作品享受较高的流动性，也能让收藏家和机构（如博物馆、美术馆和家庭办公室）将自己的高价作品以小额投资份额流动起来。同时，经由部分分割技术，原拥有者仍然能保留展示权和决定权（比如，某一作品只卖 30% 的 NFT，原拥有人维持 70% 的所有权和展示权）。

新产品带来新挑战

当许多知名艺术家以前所未有的速度将创作扩展到 NFT 领域时，对这一市场的潜力和持久性质疑的声音也随之出现。NFT 艺术品真的拥有如此巨大的价值吗？NFT 艺术的正确发展道路在哪里？艺术家如何在 NFT 领域建立自己的地位和影响力？

首先需要认清的是，NFT 加密艺术是"风口"还是"泡沫"。在经济学中，"稀缺性"是价值的基础，正是基于人们需求的无限性和资源的有限性，才会产生价值。与此同时，价格的有效性取决于全面的市场竞争，在有限的市场内竞争，可能产生"内卷"效应，而平台科技的高覆盖性、低交易成本有利于突破"内卷"效应。当原有的市场饱和，并与经济活动发生扭曲时，科技发展会带来新的参与者，为市场带来新的活力。

由于市场在快速演变，NFT 降低艺术收藏门槛的能力及程度仍有待验证。比起实体艺术品，以区块链技术为底层的 NFT 规避了聘请专家鉴别真伪、运输、储存等产生的费用和风险。因此，大多数 NFT 艺术品的起拍价相对较低，并且在初期价格多呈现快速增长态势，NFT 投资通常可在较短时间内获得较高回报。然而随着更多投资人和产品的加入，NFT 艺术品提供的溢价相较前期不足，后期投资者的获利空间会大幅缩减。当金融活动、商业拍卖和科学技术进入艺术界时，人们必然会对于艺术的定义和范围产生新的困惑，但随着市场的成熟化，专业人士的参与、认证、定价均将提升，暴利将转为正常的获利，而市场也将逐渐步入价格、报酬正常化，成为大众投资的一种选择。

其次，版权是 NFT 艺术的"阿喀琉斯之踵"。目前，NFT 仍处于起步阶段，其中蕴藏着丰富的机会。然而，和传统的作品拍卖、交易相似，NFT 也必须保证当前的 NFT 艺术品能自证出处和版权归属。产品上链之始，必须能够回答"作品真正的创作者究竟是谁"这个问题。由于"万物皆可 NFT"，在这个生态中可能会出现"非原作者声称自己是作品的作者"或"复制品冒充原作品"的

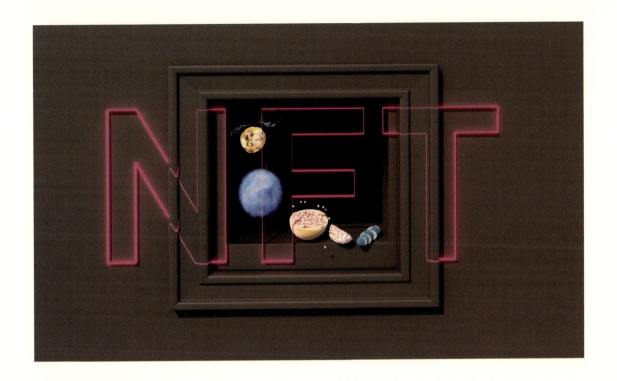

情况。区块链只能保证上链后的追踪溯源，如何保证上链前的所属和真伪等问题必须有效解决，不然 NFT 将面临较大的信任危机，新兴艺术家自身和作品将会受到负面影响。对于当前的版权漏洞，NFT 平台选择了尽量多发行早已获得民众信任、有强大 IP 价值的作品。因而普通民众创作的 NFT，则很可能被埋没。从投资和收藏的层面来看，对 NFT 艺术品的投资具有高收益特征，"造富效应"使得很多勇于尝试的青年藏家出圈。然而，投资艺术品要看艺术史，而这点是 NFT 欠缺的。

最后，需要关注的是这一艺术革命背后潜藏的各类风险。发生在 14～17 世纪的欧洲文艺复兴为西方世界开启了一段重要的科学与艺术革命时期，对艺术、建筑、哲学、文学、音乐、政治、宗教、科技等领域产生了深远影响。它推动了西方早期资产阶级资本的原始积累，也使人们开始从宗教的视角之外进行人性的探索与发现。如今，NFT 艺术市场的井喷式增长已经波及多个领域，加密艺术的即时性和快速传播性能够使它实时地反映当下，贴近时代脉搏的创造是更能打动 Z 世代的艺术作品。比如，在 2020 年美国警察暴力执法致乔治·弗洛伊德死亡事件发生后的第二天就有加密艺术家创作了几幅相关作品，并且拍出了比较高的价格。这些新型艺术的快速发展也产生了新的管理挑战和风险。

同时，加密艺术的发展离不开基础设施的建设。如何实现传统艺术向 NFT 的平稳过渡？如何培养新生代 NFT 艺术家？如何打造公正可信的 NFT 交易平台？这些都是切实需要解决的问题。艺术仅是 NFT 众多应用领域中的一小部分，但它能够率先获得迅速发展，与艺术品的稀缺性和金融属性紧密相关。以 NFT 形式存在的艺术品，还需要拓展更大的想象空间，建立更符合区块链技术的运行规则，建立共识社区，并准备好与其他 NFT 应用相连接或兼容的机制。**F**

OUTSTANDING TALENTS

英 才

窥见中国经济的未来

科技引领：从"中国制造"到"中国创造"

从"贴牌"到"品牌"，从"制造"到"创造"，从"跟跑"到部分领域实现"并跑""领跑"，中国在科技创新方面与欧美发达国家的差距正不断缩小。

随着人工智能迈入应用阶段，家用机器人开始从科幻片走进寻常人家。科沃斯商用CTO邵长东亲历了科沃斯近几年的快速发展，见证这家企业成为市值千亿元的全球家用服务机器人和智能生活电器行业引领者，他在其中主导并完成了零售、清洁等多个产品线的研发和商业落地。邵长东认为，"随着人工智能第三次浪潮的兴起，人工智能将开启机器人新时代，而中国将成为这一次浪潮的先锋"。

在中美贸易摩擦背景下，很多优秀的中国科技公司历经挑战但从未放慢科技创新的步伐。华为技术有限公司产品线COO黄浩是这场"没有硝烟的战争"的直接参与者。本科毕业后一直在华为工作的他，从研发转战市场，如今又回到研发，不仅具备信息与通信技术和通信产业全方位业务视野，还拥有多个国家市场的Startup业务经验。他说："中国高科技公司已经做好了打持久战的准备。在半导体国产化替代全面完成后，我们或许会变得更加强大。"

消费升级：乘风而上，迈向更好的生活

伴随着日渐强大的综合国力，人们对生活品质有了更高的要求和期待，"消费升级"一词在近几年不绝于耳。

中国正在经历的消费升级有多强，从苹果App Store大中华区的业绩增长可见一斑——通过苹果App Store大中华区主管李于辉团队及其合作伙伴的努力，中国App Store增长迅猛，早已成为全球最大的应用商店。据Analysis Group统计，苹果App Store在2020年全球账单和销售额中有47%（约3000亿美元）来自中国，而美国占比为27%（约1750亿美元）。

线上虚拟经济火热，线下新兴消费同样迎来了极速发展。随着颜值经济崛起，中国医美市场需求呈现井喷式增长。艾伯维集团艾尔建美学数字化医学教育经理陶岚岚正带领团队积极推进线上线下整合式医美医生教育路径，打造专业度强、基于数字科技、立足行业和消费者诉求的系统化课程。陶岚岚认为，中国规范化医美执业医师数量远低于欧美等成熟市场，医美人才缺口将严重制约行业的可持续发展。数字化赋能医美机构健康发展、共创医美行业生态，既是这个时代的诉求，也是企业社会责任感的重要体现。

创新金融：让每一个人享受金融红利

当前，中国正加速金融改革发展，金融产品日益丰富，金融服务普惠性不断增强。"坚持开放、勇于创新"已成为中国新金融的关键词。

杭州长花龙雪信息技术有限公司总经理朱仕亮认为，中国普惠金融行业已经撕下"野蛮生长"的标签。深耕行业十余年，他充分感受到科技对传统金融的赋能和人们对普惠金融的巨大需求，更坚定了自己"理想主义者"的决心："我要做一款真正普惠的个人金融产品，实现精准的普惠金融，推动社会整体进步。"

RoyalPay（皇家支付）创始人葛洋帆很早就发现了跨境金融的潜力，并推动微信支付、支付宝及银联云闪付在澳大利亚落地，将RoyalPay打造为澳大利亚最大的跨境支付平台。目前，RoyalPay已成功通过澳大利亚监管机构审核，从众多申请者中脱颖而出，被准许申请成立澳大利亚第一批虚拟数字银行。葛洋帆说，支付是跨境金融的起点，上半场形势已基本稳定，下半场将由数字银行引导的金融服务来领头。随着各国下发数字银行牌照，以及"先买后付"等创新金融模式在全球市场的火爆，境外普惠金融和消费金融也进入到了数字时代的新时期。他坚信，后疫情时代的跨境金融市场也会是开放式数字银行的舞台。

从设计工程师到房地产"存量时代"探索者

黄 硕

大华（集团）有限公司自持租赁住宅运营总监
曾任上海湾寓投资管理有限公司杭州公司常务副总经理
复旦大学泛海国际金融学院 FMBA PT+ 2020 级学生

立足专业，"筑"梦国内首个青年共享公寓项目

黄硕从小有个建筑师的梦想，本科、硕士选的都是"建筑环境与能源应用"专业。当他硕士毕业时，正值中国房地产的"黄金时代"。2010年，黄硕进入上海建筑设计研究院成为一名设计工程师，参与了上海国际金融中心、凌空 SOHO、迪士尼等地标项目。2013 年，黄硕获得了代表行业执业能力的"国家勘察设计注册工程师"资格证书。第二年他进入复星集团，开启自己的新征程。因为扎实的专业基础，一年后黄硕加入了集团新创立的资产管理公司——湾流国际。这是国内首个提出"存量房地产 + 金融 + 互联网"理念的公司，创立时已获得 10 亿 + 级的创业投资。

谈到这一创业项目，黄硕依然兴奋："我所学专业的细分方向就是'老旧建筑改造'。其实把老旧建筑改造利用比推翻重建要绿色环保得多。我们是国内第一个提出这一理念改造的公司。"

黄硕非常珍视这个机会，带领团队投入到一座座老建筑的改造中。从一个个项目的设计，到改造方案的标准化，再到为公司成立自己的设计院。在马不停蹄的三年里，黄硕带领团队研发六大产品线，完成自筹设计超过 20 个项目，建立的产品设计标准化体系已经应用在全国 100 多个项目中。

这时的黄硕已经从一名设计工程师升级为一名名副其实的设计管理者，但他还不知道，命运对他有更多的期待。

冒险一跳，"拓荒"杭州创建城市公司

2017 年，一纸调令从天而降：由于设计院需要更精通室内设计的管理者，公司决定让黄硕前往杭州创建城市公司。

"刚到杭州的那段时间真的很艰难，这种难不是单纯的'什么都没有'的困难，还有一种时时刻刻存在的焦虑：从原本只需要面对自己擅长的设计管理问题，变成要面对投资、融资、运营、营销、人事、财务等方方面面的问题。""当我稳住自己，开始逐一应对问题时，我发现自己得到了来自各个方面的支持。两年时间里，我们共投资了 10 多个项目，团队也从 1 人增长到 50 多人。"就这样，看似向绝境中的一跳，却成为完美蜕变的契机。

2019 年，杭州这家公司被战略性并购。黄硕从原来单纯拥有设计背景的专业管理者，华丽转型为企业核心的综合管理者。他回到上海，加入大华集团，用他在此期间收获的经验为公司搭建新业务平台。

FISF FMBA PT+
复旦泛海国金·在职金融 MBA

跨专业，选择复旦泛海国金 FMBA PT+ 项目

在房地产"黄金时代"入场，黄硕亲历了这个行业的主导力量从"增量"到"存量"的转变，亲身感受到金融对房地产业的巨大推动力，他渴望破解"存量时代"的密码。

作为一个惯于用快速学习对抗知识焦虑的人，他带着问题而来，希望通过对金融系统性的学习找到答案。在经过信息收集和多方面对比后，黄硕选择了复旦大学泛海国际金融学院 FMBA PT+ 项目。

经过这一年高强度的学习，黄硕对金融体系的了解不断丰富。他表示，FMBA PT+ 项目让他感到最超出预期的是教授。他们不仅是各自领域的"大拿"，而且是化繁为简、直解要义的"大师"。"比如王永钦教授在'宏观经济学'上对房地产作为抵押物对宏观经济的影响的阐释，让我这个'老'房地产人对左右行业发展的核心问题有种茅塞顿开的感觉。""学之前我是'看山是山'，学之后有种'看山不止山'，而是'横看成岭侧成峰'的状态。"

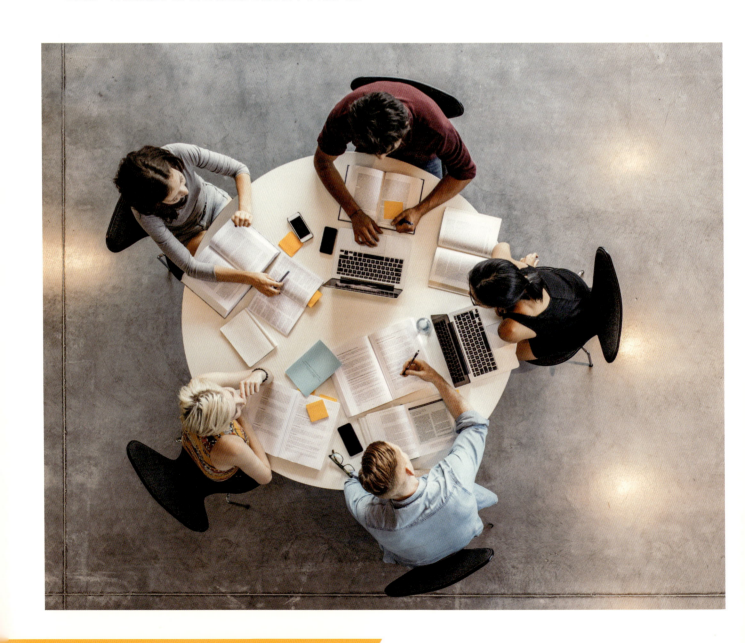

从游戏策划到金融世界，是他们给了我转行的底气

范超越

复旦大学软件工程专业

复旦大学泛海国际金融学院 FMBA FT+ 2021 级学生

从研发到投资，是不断修正自我认知的过程

刚上小学就接触电脑的范超越，小时候最喜欢做的事情就是每天用搜索引擎查找资料。"那个搜索输入框，就像是通往无限知识的大门，成为了父母之外我的另一个老师。"带着对计算机的热爱，他进入了复旦大学软件工程专业。

毕业后，范超越没有选择继续做研发，而是成为了一名游戏策划，有过研发经验的他能从多角度考虑产品设计，这让他迅速成长。然而因为各种原因，团队的产品迟迟无法上线，这让范超越开始重新审视自己的选择。他发现在产品设计过程中，自己多次操刀的市场分析得到了广泛好评，并且向上推荐的很多有潜力的新产品和新玩法最后都得到了市场验证。"那时我是第一次感到自己可以进入投资领域。"

为了实现自我价值，他放弃高薪，转而加入了一家上市游戏公司的投资部，从零开始进入一个陌生行业。"我每天要接触十几款新产品，和不同类型的创业者聊天，与此同时我也花了大量时间学习如何研究一家新公司和一个新行业。"范超越用了不到一年的时间，从对投资一无所知，到参与完成了多个早期投资和并购项目。也正是在这个过程中，范超越感受到了二级市场的魅力。

"那段时间看了很多关于投资的书，在二级市场里偶然性无处不在，自己还没有穿越过完整的牛熊周期，读的书越多就发现自己需要学习的就越多。"在二级市场里"如饥似渴"的范超越，开始寻找适合自己的求学机会。"感觉自己已经接近愚昧之巅，而一切才刚刚起步。深知自己的知识水平远远不够，需要成倍的积累才能帮助我穿过未来的绝望之谷。"对于自己想要再次深造的动机，范超越如是说道。

邂逅复旦大学泛海国际金融学院，通往一个光明的远方

范超越表示选择复旦大学泛海国际金融学院源于一种全方位的契合。他花了很长时间深入了解各个学校之间的差异，最终他发现复旦大学泛海国际金融学院拥有三大优势，值得将其定为唯一目标。

第一是课程设置。16 门扎实的核心课程能帮他建立系统性的知识体系，更重要的是课程设计强调理论与实践的联动。金融是一个实践性非常强的行业，学院的 LIVE 综合实践教学方法将会大有裨益。

第二是国际化办学理念，虽然复旦大学泛海国际金融学院是一个年轻的学院，但是有五十多位来自全球顶尖学府的教授加入，课程也很注重培养学生的国际化视野，范超越未来计划加入负责布局全球资产的基金行业，这对他有很大的帮助。

第三是强大的职业发展中心。范超越从校友那了解到，复旦大学泛海国际金融学院非常重视学生的职业规划，入学的前一年职业发展中心的专业老师就会与学生建立紧密联系。通过一对一支持，针对每位学生的不同特点和需求进行辅导。

FISF FMBA FT+

复旦泛海国金·全日制金融 MBA

从理性到感性，实现自我突破

杨 环

复旦大学世界经济系

复旦大学泛海国际金融学院 EMF2021 级新生

2020 年，新冠肺炎疫情的冲击让我转变了对留学的态度，并萌生了留在国内求学的想法。我首先想到的便是复旦大学泛海国际金融学院。申请季过后，在 2020 年的年末总结里我写下了这样一段话："现在看来，那些令我们纠结、犹豫、彷徨的人生选择大多并不存在对与错、好与坏的区别——纠结本身已说明它们分量相当。要记得，选择最适合自己的。"

复旦大学泛海国际金融学院 EMF 项目正是一个适合我的项目，原因有三点：

第一，全英文教学语境。作为本科就读于复旦大学国际经济与贸易专业的学生，我深感用英文学习经济学和金融学的必要性。从学术角度出发，经济学英文教材的语言更为通俗，有助于理解和掌握经济学原理。从就业角度出发，外资企业对商务英语的书面及口头表达能力要求，也凸显了全英文教学的优势。

第二，人文关怀。复旦大学泛海国际金融学院 EMF 项目的人文关怀体现在团队的支持性文化以及对多元文化的尊重上。从与招生团队接触伊始，EMF 项目的老师们就给我提供了许多支持，包括详尽的项目介绍、结合个人背景的个性化申请指导以及申请过程中持续的跟进与疑问解答。此外，EMF 项目还提供了丰富的"CARE"拓展课程，邀请艺术、NGO 等相关领域的专家授课，帮助学生开阔视野，这让对 NGO 及艺术品投资感兴趣的我十分期待。

第三，就业指导。学院对就业的支持与重视在课程设置、职业发展中心一对一咨询和讲座中得到了充分体现。2021 年 7 月，职业发展中心在"外资金融机构训练营"中邀请了在不同金融领域深耕的前辈们分享行业洞见及申请经验，从入行所需的各项技能给予专业指导，并鼓励我们提出自己的问题。职业发展中心提供了充足的专业指导，对不熟悉中国内地（大陆）市场环境的港澳台同学来说是极为宝贵的资源。

如果说上述三点是我选择复旦大学泛海国际金融学院 EMF 项目的理性分析，那么我与 EMF 项目的"culture match"便是感性的理由。从接触 EMF 项目以来，我从这个团队就感受到了"开放、灵活、尊重、热爱"的文化氛围，其中后两者最令我印象深刻。2020 年 12 月结束申请面试后，我仍在犹豫是否出国。EMF 项目的侯老师了解情况后便主动与我交流，耐心倾听我的疑虑，也为我的职业规划提出了宝贵的建议。

"择校是双向的选择过程。不仅仅是学院考察候选人是否符合资质，也要看你能否从这个团队获得自己想要的。"现在看来，我万分感激这一次交流，在感受到 EMF 项目对学生充分尊重的同时，也坚定了自己对未来发展的某些观点和看法。

FISF EMF
复旦泛海国金·精英金融专业硕士